AF450917

Serena Pillitu

Disgusto
Fruizione e rappresentazione

il glifo ebooks

ISBN: 9788897527572
Prima edizione: aprile 2021 (A)

Indice

Introduzione

Il battito cardiaco rallenta, i sensi indugiano sull'oggetto disgustoso: è in questo lungo istante che la controversa compresenza di attrazione e repulsione caratteristica del disgusto diventa un'affezione, un'invasione dei sensi, rivelando tutta la sua complessità nell'incontro estetico e dando vita all' *erotismo del disgusto.*

Inevitabile porsi degli interrogativi a riguardo. Nell'ultimo secolo il disgusto sembra essere entrato a far parte dell'ordine artistico, come di quello estetico, tanto da portare J. Clair nel suo prezioso *De Immundo* a parlare di "epoca del disgusto". Dalle avanguardie in poi è stato spesso impiegato all'interno dell'equilibrio compositivo, parallelamente a molti dei cambiamenti vorticosi che stavano scuotendo il mondo artistico. A primo impatto, verrebbe da domandarsi come mai il disgusto è diventato ospite e spesso padrone delle gallerie come dei cinema, cosa cerca il fruitore quando volutamente (o meno, come vedremo) si imbatte in un'opera disgustante, perché si è fatalmente attirati da oggetti che al di fuori del contesto artistico sarebbero considerati più che abominevoli? Gli interrogativi sono innumerevoli, e più a fondo si scava più interrogativi di natura fondante emergono e più a fondo è necessario andare. Tra i dubbi che aleggiano intorno a questa peculiare emozione non è da sottovalutare ad esempio quello relativo la sua eventuale rappresentabilità che a oggi continua a essere oggetto di dibattito. È a questo proposito che Michele Bertolini, in un accattivante contributo all'altrettanto interessante testo di Maddalena Mazzocut-Mis (*Dal gusto al disgusto,* del quale consiglio la lettura integrale), apre un paragrafo domandandosi se "è possibile un'estetica del disgusto"[1]. Tuttavia non è da dimenticare quanto le istituzioni, come gli artisti e il pubblico, creino e cerchino spesso il brivido del disgusto o di altre caratteristiche emozioni negative (terrore e orrore, ad esempio). Son tante le opere che spesso confinano nel disgustante, a prescindere dalla latitudine culturale in cui sono inserite. Nel tentare di comprendere come e perché questo avvenga Carolyn Korsmeyer ha più volte sottolineato quanto il

---

[1] A questo proposito consiglio vivamente la lettura del saggio a cura Serena Feloj *Estetica del disgusto. Mendelssohn, Kant e i limiti della rappresentazione,* Carocci, Roma 2017.

disgusto possa essere rivalutato come elemento estetico positivo, in particolare grazie al valore cognitivo e alla sua caratteristica *trasparenza* (*Savoring Disgust*, 2011). Il principio di fondo, con il quale attualmente mi trovo in accordo, è che il disgusto ha il vantaggio di essere un'emozione ineludibile. Se per molto tempo le emozioni e le sensazioni non sono stati considerati canali conoscitivi preferenziali, attualmente sembra essere vero anche il contrario, poiché l'atto contemplativo segue l'impatto emozionale metabolizzando le emozioni e dando loro un senso: si profila così la possibilità di riflettere sull'oggetto sul quale il soggetto sta indugiando. Nel caso del disgusto è da tener presente la primordialità della sua origine, spinta ulteriormente efficace. Non a caso in più punti Korsmeyer parla di *embodied appraisals*, i cosiddetti *giudizi incarnati* (V. Gallese, 2015), che partono dalla visceralità dell'emozione suscitata dall'oggetto per poi volgersi in valutazioni cognitivo-riflessive. Inoltre la corrispondenza tra spettro edonico ed estetico sta venendo gradualmente meno, facendo sì che la gamma di esperienze godibili in ambito estetico sia più ampia e proficua. Anche in questo caso il disgusto si configura come ottimo pretesto per indagare la nozione di emozione, di sentimento, poiché come si vedrà nessuna delle due è scontata e l'impianto fortemente somatico del disgusto ne complica la definizione.

Il disgusto in ambito artistico apre insomma a innumerevoli e complessi interrogativi, non ultimi quelli relativi il luogo in cui la fruizione avviene e quanto questo influisca e il coinvolgimento del fruitore. Vengono in questa sede inoltre interpellati, tra gli altri, il concetto di gusto, di esperienza estetica, del complesso rapporto tra piacere e dolore, le diverse tonalità di disgusto, la differenza tra emozione e sentimento estetico e la fondamentale assonanza tra disgusto fisico e disgusto morale, la nozione di rappresentabilità e la connessione con l'informe. Nel corso della stesura, e delle ricerche di cui è frutto, è stata fin da subito evidente la difficoltà di definizione del fenomeno e il comprendere quanto a fondo avesse messo radici. Lo studio del disgusto è stato, e continua a essere, piacevole pretesto per una più profonda comprensione del funzionamento di un sistema i cui stravolgimenti corrono ben più veloci delle teorizzazioni che lo interessano. Il disgusto apre alla possibilità di puntare il focus sulla percezione sinestetica dell'opera, sul coinvolgimento somatico, sugli effetti esperienziali e sul rapporto tra pubblico e opere, oltre che sull'importanza dei media impiegati. Per giungere a possibili risposte, o meglio ai giusti interrogativi, senza mai avere la pretesa o il bisogno di inquadrare nettamente il fenomeno, il cui "addomesticamento" non è auspicabile, si è fatto uso di ampia letteratura di diversa estrazione. Negli ultimi trent'anni si sono moltiplicati gli studi riguardo questo curioso fenomeno, sebbene diversi siano giustamente partiti dalla dimensione oro-palatale, e altrettanti dalla letteratura. Altri si sono interessati delle potenzialità del disgusto come fattore culturalmente discernente e gerarchizzante, ovvero come mezzo impiegato per la tutela non solo fisica ma di interi gruppi di appartenenza, altri ancora si sono interrogati sull'effettiva rappresentabilità del disgusto partendo dalle teorie kantiane. Tuttavia, non sono tanti i testi ad essersi interessati del fenomeno in stretta relazione con i prodotti artistici, sebbene siano stati partoriti elaborati dai preziosissimi contenuti. Risulta ancora una volta evidente quanto lo studio di questo fenomeno richieda attenzione e cura, oltre che una costante collaborazione tra diverse discipline. Nel corso della stesura si sono affiancate alle teorie una serie di opere, utili a comprendere con degli esempi i diversi gradi di fruizione del disgusto di altrimenti difficile espressione, quando questo è presente, e a sottolineare in termini concreti alcune delle problematiche cui già si è fatto cenno.

La storia del disgusto potrebbe essere l'intera storia dell'umanità a causa del fortissimo impatto che ha avuto sull'evoluzione, sulla costituzione e mantenimento di categorie sociali, della presenza ormai costante nel mondo dell'arte e dell'intimo legame che intercorre tra queste dimensioni.

Istruzioni per l'uso

Le note che contengono qualche osservazione a margine sono contrassegnate con un asterisco '*'; le altre contengono soltanto i rimandi alle citazioni, e le traduzioni italiane per i testi citati in lingua originale. Quindi chi legge l'ebook, può seguire le note contrassegnate e ignorare le altre, se non ha interesse per la fonte delle citazioni.

Inoltre, questo saggio non si esaurisce nella sua scrittura: la lettura, per meglio essere compresa, dovrà essere accompagnata da un'attenta visione delle immagini menzionate. Quindi, leggendo, aprite con il vostro smartphone la pagina:

https://www.ilglifo.it/EST/PDSG/

Buona esperienza!

Capitolo I. **DER EKEL**

Il fondamento dell'estetica moderna del XVIII secolo può essere negativamente descritto come un fondamento basato sul proibire quanto disgusta.

(W. Menninghaus)[2]

1.1. Breve introduzione al carattere estetico del disgusto

Il crescente impiego del disgusto in ambito artistico ha spinto molti teorici, addetti ai lavori e non, a riconsiderare il ruolo di questa particolare emozione. Come già constatato da Winfried Menninghaus, aspirare a una ricostruzione o catalogazione completa delle opere che potremmo ritenere "disgustose" nella storia dell'arte sarebbe utopistico[3]. Altrettanto limitante sarebbe pretendere di farlo attraverso il mero approccio storico-artistico ed estetologico, mancando cioè di menzionare i caratteri culturale, fisiologico, morale, psicologico e sociale che in questa emozione sono racchiusi[4]. In questa sede si è scelto di prestare particolare attenzione all'impiego del disgusto nel contesto artistico contemporaneo e postmoderno.

Nell'introduzione alla traduzione italiana del testo di Menninghaus, Serena Feloj[5] sottolinea che nell'affrontare questo tema ci si trova di fronte a un paradosso: da un lato esiste un infinito archivio di opere potenzialmente disgustanti, dall'altro si tratta sempre di un giudizio relativo e soggetto al contesto culturale in cui viene espresso. Ciononostante è innegabile che, in particolare a partire dai dadaisti, la categoria estetica del disgusto sia entrata a far parte di quella che

---

[2] W. Menninghaus, *Disgusto: Teoria e Storia di una sensazione forte* (1999), tr. it. di S. Feloj, Mimesis, Milano 2016, p. 8.

[3] *Ibid.*

[4] Fra i testi più significativi sull'argomento, si segnalano: C. Korsmeyer, *Savoring Disgust: The Foul and the Fair in Aesthetics*, Oxford Univerity Press, Oxford 2011; W. Menninghaus. *Disgusto*, cit.; e M. Mazzocut-Mis, *Il disgusto nel secolo dei Lumi*, in «Lebenswelt. Aesthetics and Philosophy of Experience», n. 3, 2013, pp. 156-174, URL =
http://riviste.unimi.it/index.php/Lebenswelt/article/view/3481 (visto in data 12/06/2019).

[5] S. Feloj, *Introduzione* a W. Menninghaus, *Disgusto*, cit., pp. 7-13: 8.

Mario Perniola ha definito "estetica del trauma"[6] e, si potrebbe dire senza troppo osare, che ne è diventata quasi l'assoluta protagonista in epoca post-moderna. È lecito dunque chiedersi: perché fare così ampio utilizzo del disgusto in ambito artistico?

L'utilizzo del disgusto in ambito artistico implica una contravvenzione di regole implicite dettate dal buon gusto e scritte nel corso della riflessione estetica per lo meno dal Settecento. Il rompere i tabù, modellarli, ridefinirne i confini sono stati compiti assegnati all'arte in molti contesti, tanto da essere parsi a volte sue caratteristiche intrinseche, come spesso nelle avanguardie e, in genere, nell'arte contemporanea. Tuttavia sono piuttosto persuasa che il disgusto rappresenti sì un potente mezzo dell'"estetica del trauma" (Menninghaus fa cenno a un fenomeno molto simile, da lui però battezzato "estetica dello shock") ma che porti in sé significati complessi e intimamente legati al contesto a noi contemporaneo. Studiare il disgusto, cercare di comprenderlo, significa rivedere i presupposti sui quali l'intero sistema artistico è fondato, nonché il suo riflesso nel contesto extra-artistico (e viceversa, è un cane che si morde la coda). Ne emerge, di conseguenza, un quadro assai complesso e variegato. Giungere a una conclusione con gli strumenti a mia disposizione sarebbe forse utopico, ma sono dell'avviso che il quasi compulsivo impiego del disgusto, quando la sua complessità è nettamente individuabile, in ambito artistico e visuale, rappresenti solo un momento di passaggio per un'evoluzione del sistema artistico. Lo stagnarsi delle idee, dei gusti, il ciclico tornare a ciò che è comunemente definibile bello, sembra stare ora incorrendo in un pericoloso bug.

Soffermarsi quindi sulla complessa domanda poc'anzi posta e cercare una risposta appropriata implica una trattazione sistematica del tema, nei limiti del possibile, che tenga conto dell'intimo legame dialettico tra la nascita dell'estetica classica e la conseguente nascita di questa categoria. La definizione di gusto, e gli studi relativi all'ambito estetico avvenuti proprio durante il periodo illuminista, rappresentano solo una delle mille sfaccettature del disgusto e dell'importante impatto sul mondo artistico al quale tuttora stiamo ancora assistendo.

---

[6] Cfr. M. Perniola, *L'arte e la sua ombra*, Einaudi, Torino 2000, p. 78.

1.2. Capire il disgusto: dall'etimologia al doppio costitutivo del bello

Ma di cosa si parla esattamente quando si parla di disgusto? Nella latitudine semantica del termine disgusto convivono usi e significati differenti, giunti da diversi contesti culturali e temporali e confluiti nell'ampio impiego di questo termine. Per comprendere il suo intimo significato può essere utile partire dall'utilizzo dei termini legati alla sua area semantica e dal senso etimologico del termine. Nella direttrice semantica italiana si è soliti impiegare l'interiezione "Che schifo!" quando ci si trova di fronte a un oggetto potenzialmente disgustante ed è solitamente accompagnata da grande enfasi, come tipico di questa area linguistica. L'espressione "che schifo!" esprime una violenta e repentina reazione di disagio, come riportato da Marco Tedeschini nella sua disamina del termine nel testo di recente pubblicazione *Il conflitto estetico*[7]. Interessante notare come l'aggettivo legato al termine "schifo", ovvero "schifoso" «fosse ampiamente intercambiabile con "schivo", mentre il sostantivo "schifo" è attestato nel senso di disgusto anche nella grafia "schivo"»[8]. La filologia romanza ritiene che la radice del termine "schifo" sia da rintracciare nell'aggettivo antico e medio francese *"eschif"*, che sin dalle sue prime attestazioni è legato alla paura, all'esclusione, all'ostilità. Il sostantivo proviene dal verbo *"eschiver"*, il quale a sua volta proviene da un dialetto franco-tedesco. Da questo verbo dell'antico basso francone derivano sia il termine tedesco *"scheuen"* che quello inglese *"shy"*. Come opportunamente sottolineato da Tedeschini, che a sua volta si riferisce agli studi di Elmar Seebold, questi termini sono tutti da ricondurre alla sfera semantica dell'evitamento, della cautela, dell'avvertito pericolo[9]. A *"scheuen"* è immediatamente collegabile il concetto di "schifo" che corrisponde al tedesco *"Abscheu"*, il cui significato vira sensibilmente verso il disprezzo e la ripugnanza,

---

[7] M. Tedeschini, *Il conflitto estetico: Teoria del disgusto*, Lithos, Milano 2018.

[8] Ivi, p. 39.

[9] *Ibid.*

tanto è che sia Kant che Mendelssohn impiegano lo stesso termine relativamente al disgusto morale[10].

In lingua italiana la parola "disgusto" è etimologicamente legata al termine gusto il quale viene preceduto e accompagnato dalla particella "dis-" che, come noto, ha forza privativa e sottolinea una opposizione. Lo stesso avviene in francese con il termine *"dégoût"*, da cui deriva anche il termine inglese *"disgust"*. In inglese è da segnalare anche il termine *"irk"*, forse imparentato con quello tedesco *"Ekel"*[11].

Nel caso dei termini poc'anzi citati è estremamente significativa la radice che è rappresentata dalla parola "gusto", e la particella che vi si antepone, che sottolinea con particolare enfasi la fase repulsiva, di allontanamento. Sebbene nelle aree linguistiche appena viste esistano diversi termini e locuzioni che fanno riferimento a diverse sfaccettature del sentimento del disgusto, sembra che nessuno di questi riesca a racchiuderle tutte. Esiste tuttavia un termine che meglio ne abbraccia la definizione, in tutte le sue contraddizioni e accezioni, ed è senza dubbio alcuno il corrispettivo tedesco: *"der Ekel"*[12]. Questo si distingue sia dal termine *"Abneigung"*, il cui significato è "avversione" ed è attualmente considerato sinonimo di disgusto, sia dai termini *"Widerwille"* e *"Abscheu"*, che invece significano "ripugnanza" e son più legati al contesto morale. Il termine *"Ekel"* non solo racchiude ampiamente il significato delle parole sopraccitate, che sottolineano la fase repulsiva del disgusto, bensì include anche quella caratteristica che lo rende così interessante: il coesistere della fase repulsiva e attrattiva che agiscono simultaneamente sul soggetto nel momento in cui fa esperienza dell'oggetto di disgusto, sia esso vero o artisticamente riprodotto[13]. Nel termine *"Ekel"* sono quindi incluse tutte le sfumature attualmente attribuibili al disgusto: indica qualcosa che repelle, ma che al contempo attrae e si riferisce anche a soggetti ipersensibili al disgusto. È una parola che ha particolare valenza

---

[10] S. Feloj, *Estetica del disgusto. Mendelssohn, Kant e i limiti della rappresentazione*, Carocci, Roma 2017, pp. 116-117.

[11] M. Tedeschini, *Il conflitto estetico*, cit., p. 40.

[12] Cfr. J. Grimm, W. Grimm, *Deutsches Wörterbuch*, Deutscher Taschenbuch Verlag, München 1984, Bd. 3, p. 394.

[13] Cfr. W. Menninghaus, *Disgusto*, cit., p. 45.

riflessiva. La definizione tedesca di disgusto racchiude in sé anche il significato di "eccesso", il quale, nel caso del disgusto, si verifica attraverso il contatto prolungato, e non desiderato ovviamente, con un oggetto rappresentato artisticamente. Questo può avvenire anche con il contatto con il "troppo bello", che eccede per grazia e "dolcezza"[14] , il quale risulta dopo poco noioso e quindi spinge il soggetto a volgere lo sguardo o a interrompere la fruizione dell'oggetto. Come afferma Menninghaus,

> Ciò che è meramente piacevole presto porta alla sazietà, e infine al disgusto. Al contrario ciò che è spiacevole, mescolato al piacevole, cattura la nostra attenzione evitando il precoce senso di sazietà[15].

Questa sensazione di «disgusto per saturazione»[16] si verifica per esempio osservando un quadro straripante di fiori, leggendo una poesia melensa, annusando un profumo eccessivamente dolce o essendo esposti per tempi prolungati a un suono inizialmente piacevole che si volge poi in rumore insopportabile. Scrive ancora Menninghaus:

> Lo spazio dell'estetico si fonda su un presupposto del tutto enigmatico: il bello è in sé stesso (tendenzialmente) il disgusto; per sua stessa natura è minacciato dal pericolo di rivelarsi all'improvviso nauseante […] il disgusto è nello stesso tempo il limite inferiore e quello superiore, la controparte e la peculiare tendenza del bello. Sebbene il dibattito vero e proprio sul disgusto discuta soltanto del suo carattere di controvalore estremo, il disgusto è invece doppiamente costitutivo del bello ed esattamente per la sua natura completamente estranea al bello. Questa emozione, o sensazione, entreremo poi nel merito della questione, è tipicamente umana e comporta una fortissima reazione somatica che può essere indirizzata a oggetti di natura fisica, morale e ideale[17].

In relazione al concetto di eccesso, Menninghaus definisce il disgusto una sorta di antiemetico[18]: evita l'eccesso, la noia e altre tonalità di disgusto. Si trova d'accordo W. I. Miller quando si esprime a questo proposito nel testo *Anatomia del disgusto*,

---

[14] Cfr. M. Mazzocut-Mis, *Il disgusto nel secolo dei Lumi*, cit., p. 164.

[15] W. Menninghaus, *Disgusto*, cit., p. 25.

[16] *Ibid.*

[17] Ivi, pp. 52-53.

[18] *Ibid.*

sostenendo che esistono due principali tipi di disgusto[19]. Il primo è di tipo freudiano e «oppone resistenza al soddisfacimento di un desiderio inconscio»[20]: questo corrisponde a un processo di rimozione che rende inconsci desideri inconfessabili resi tali dal contesto sociale e culturale in cui prendono forma. Il secondo è il disgusto che nasce dall'eccesso, da una nausea di rigetto conseguente a un'abbuffata di qualsiasi tipo, che non cela alcun desiderio inconscio né alcuna attrazione furtiva ma nasce dal troppo positivo, dall'essere eccessivamente appagati da un oggetto desiderato. Miller vede in questi due antitetici disgusti un bello nel brutto e un brutto nel bello illusori: il primo tipo di disgusto sembra suggerire che nell'abietto si celi qualcosa di bello (probabilmente inteso come positivamente fruibile, nella sua complessità) mentre nel bello e nella sua straripante piattezza, si celi qualcosa di profondamente nauseante[21]. Si tratta in entrambi i casi di una sensazione effimera, noi tutti siamo consapevoli che facilmente il bello sfiorisce, o peggio ancora può portare alla dipendenza e alla malattia e, di conseguenza, a rivoltarsi contro la propria essenza positiva. L'eccesso si configura qui come il tipo di disgusto più pregnante, assoluto e che genera la più forte delle reazioni di rigetto: la nausea. Miller riporta a proposito dell'eccesso un breve estratto dell'Amleto molto significativo:

> Dentro la fiamma stessa dell'amore c'è come\ uno stoppino, e la sua cenere lo spegne; \ e nulla poi dura sempre alto e uguale\ perché la bontà, quando diventa pletora, \ muore del proprio eccesso. (Amleto, 4.7. 113-117)[22].

Aurel Kolnai stesso, a mio modesto parere, fa anch'egli riferimento al disgusto per eccesso nel rintracciare tra gli oggetti di disgusto un fattore comune: la vita brulicante, informe ed eccessiva che abita e segnala la morte organica, la stortura, un "troppo" insopprimibile e ingestibile. Questo accade sia per quanto concerne il disgusto meramente fisico[23], sia per quanto riguarda quello morale, che si

---

[19] W.I. Miller, *Anatomia del disgusto* (1997), tr. it. di M. R. Fasanelli, McGraw-Hill, Milano 1998.

[20] Ivi, p. 95.

[21] Ivi, pp. 96-98.

[22] Cfr. ivi, p. 99.

[23] Cfr. A. Kolnai, *Il Disgusto* (1929), tr. it. di M. Tedeschini, Christian Marinotti, Milano, 2017, pp. 56-58.

configura in *Der Ekel*, ancora una volta, come storpiatura dovuta all'eccesso.

Il successo del disgusto sembra quindi avere inizio già nel concetto stesso di bello, nonostante sia Mendelssohn che Kant, nel Settecento, avessero affrontato il tema come suo opposto. Scrive Mendelssohn, a proposito dell'imitazione che è

> mezzo con cui rendere gradevoli per gli animi delicati gli avvenimenti più terribili, [sia essa] sulla scena, sulla tela, nel marmo, perché l'intima consapevolezza di trovarsi di fronte a un'imitazione invece che alla verità mitiga l'intensità della ripugnanza nei confronti dell'oggetto, esaltando il lato soggettivo della rappresentazione[24].

Ciò è da imputare in parte alla teoria dei sentimenti misti, e in parte al fatto che gli stessi studiosi settecenteschi sono pienamente consapevoli del fatto che il "godimento più puro" facilmente incorre nella noia, nell'eccesso e di conseguenza nella nausea. Il soddisfacimento troppo rapido comporta un volgimento del gusto e l'improvvisa sgradevole sensazione di sazietà. Tra la noia generata dalla totale assenza del bello e quella che consegue dalla sua ossessiva presenza, emerge la *teoria del complemento necessario*[25]: il bello, per rimanere tale, necessita la complementarità di altri elementi che, collocati secondo criterio compositivo, siano in grado di stimolare nel fruitore emozioni diversificate. Persino il soddisfacimento di primordiali istinti quali la fame o l'appetito sessuale si volge in violenta repulsione una volta soddisfatti, soprattutto se posti di fronte alla possibilità che questo soddisfacimento possa ripetersi[26].

La mancata applicazione della cosiddetta teoria del complemento necessario fa sì, secondo le teorie illuministe, che l'arte incappi nel disgusto e cessi di essere arte: il disgusto rende impossibile la vivificazione dell'animo, impedendo il verificarsi della *conditio sine qua non* del godimento estetico, così che il processo rappresentativo

---

[24] M. Mendelssohn, *Rapsodia, ossia supplemento alle Lettere sui sentimenti* (1761) in *Scritti di estetica*, L. Lattanzi, Aesthetica, Palermo 2004, cit. p. 110-111: 105-142.

[25] Cfr. W. Menninghaus, *Disgusto*, cit., p. 48.

[26] Cfr. ivi., p. 49.

non possa avviarsi[27]. Il *disgusto per saturazione*, come viene chiamato da Menninghaus, avviene quando il godimento estetico tende a sopraffare il soggetto arrivando a saturarlo, saziarlo fino alla nausea e a far sì che si interrompa bruscamente la relazione con l'oggetto. Il disgusto si profila così come una sorta di nausea dovuta al dolce eccessivo, al bello che, dopo la contemplazione, diventa piattume e noia, abitudine[28]. Kant parla dell'abitudine come di un pericoloso vizio che porta fuori l'animalità dell'essere umano. Ciò accade perché l'assuefazione e l'abitudine ad alcune azioni fa sì che non sia più necessario riflettere in termini razionali; ciò priva del processo che porta alla consapevolezza, perché pretende una sorta di interiorizzazione data come per assodata. Una monotonia quindi disgustosa, un totale uniformarsi di sensazioni che si appiattiscono nell'agire meccanico. Come dice la Feloj, «l'abitudine è, in senso profondamente illuminista, una rinuncia allo spirito critico e una promozione di quella monotonia che satura e genera nausea»[29].

Anche Walter Benjiamin si pronuncia sul disgusto per eccesso:

E poi venne la cima del passo di quel genere di degustazione, là dove, superati sazietà e ribrezzo [*Ekel*], gli ultimi tornanti, allo sguardo si spalanca un impensato paesaggio del palato: un flusso stolido, piatto, verdastro di voracità che nulla più concepisce se non quell'ondularsi a matasse, fibroso, della carne spalancata del frutto, la totale trasformazione del piacere in abitudine, dell'abitudine in vizio[30].

Il superamento del disgusto, alla luce di queste e altre considerazioni, non si rende per gli illuministi quindi auspicabile.

1.3. *L'evoluzione post-illuminista, da Rosenkranz a Darwin*

Sebbene i maggiori studi relativi al disgusto prendano avvio a partire dagli anni Settanta del secolo scorso, già nel XVIII secolo, come visto, e poi nel XIX secolo, si assiste a un interesse sull'argomento. I decadentisti ne fanno frequente impiego, e questo è

---

[27] Cfr. M. Mendelssohn, *Sul sublime e l'ingenuo nelle belle lettere*, in Scritti di estetica, cit., pp. 171-172: 167-193.

[28] Cfr. W. Menninghaus, *Disgusto*, pp. 49-51.

[29] S. Feloj, *Estetica del disgusto*, cit., p. 109.

[30] W. Benjamin, *Mangiare* (1930), tr. it. di U. Gandini, in *Opere complete*, vol. IV, *Scritti 1930-1931*, a cura di R. Tiedermann e H. Schweppenhäuser, Einaudi, Torino 2002, pp. 150-156: 151.

già evidente in uno dei loro modelli: Baudelaire; Nietzsche gli dedica diverse riflessioni, Karl Rosenkranz ne parla in *Estetica del Brutto*. Sebbene questi autori non si preoccupino di definire concettualmente il disgusto o di inquadrarlo in una categoria estetica, riflettono nelle loro opere un mutamento del gusto che getta le basi per gli esplosivi avvenimenti di inizio XX secolo. È soprattutto il testo di Rosenkranz a denunciare questo cambiamento, dedicando un intero paragrafo al nauseante[31]. Rosenkranz ha il merito di aver individuato quelli che sono i maggiori oggetti di disgusto, analisi che verrà quasi puntualmente ripresa e, in parte approfondita, nell'indagine fenomenologica di Aurel Kolnai[32]. Torneremo a breve su questo punto.

Nel Settecento Baumgarten inaugura l'estetica come scienza autonoma non per far sì che questa divenisse una teoria delle arti, bensì, come specificato da ultimo da Tedeschini[33], come scienza in grado di spiegare l'esperienza sensibile anche nelle sue tonalità affettive. Scrive Tedeschini, rifacendosi agli studi di Gernot Böhme (il quale richiama appunto il gesto fondativo di Baumgarten)[34], che la vocazione conoscitiva dell'estetica è mirata a occuparsi di tutto ciò che abbia uno statuto sensibile: non solo il bello, il sublime o l'arte in generale[35]. Tuttavia solo in tempi recenti, in particolare negli ultimi trent'anni, come emergerà dall'elaborato, l'estetica si è dedicata allo studio del disgusto. I primi studi relativi al disgusto provengono da ambiti ben diversi, come ora vedremo.

Il disgusto comincia a essere oggetto di interesse per gli ambiti più disparati. Charles Darwin gli dedica un'importante parte del testo *L'espressione delle emozioni nell'uomo e negli animali*[36], sulla cui

---

[31] Cfr. K. Rosenkranz, *Estetica del Brutto* (1853), tr. it. a cura di R. Bodei, Il Mulino, Bologna 1984, pp. 246-254.

[32] Cfr. A. Kolnai, *Il disgusto*, cit. pp. 62-98.

[33] Cfr. M. Tedeschini, *Il conflitto estetico*, cit., p. 15.

[34] A questo proposito si segnala il testo *Atmosfere, estasi, messe in scena. L'estetica come teoria generale della percezione* (2001), tr. it. di T. Griffero, Christian Marinotti, Milano 2010.

[35] M. Tedeschini, *Il conflitto estetico*, cit., pp. 14-15.

[36] Cfr. C. Darwin, *L'espressione delle emozioni nell'uomo e negli animali* (1872), tr. it. di B. Bandinelli, Bollati Boringhieri, Torino 2012, pp. 260-261.

edizione definitiva, curata da Paul Ekman, torneremo a breve. Qui Darwin analizza l'espressione morfologica dei più intimi moti di coscienza dell'uomo. All'interno di questa analisi, il disgusto è considerato un sentimento universale: è riscontrabile in qualsiasi individuo appartenente a ogni cultura e punto geografico, e presenta gli stessi caratteri espressivi su qualunque individuo. Si tende a increspare le labbra e a muovere i muscoli facciali in modo che i principali canali percettivi legati a olfatto e gusto vengano chiusi, proprio a impedire l'ingerimento di sostanze non richieste.

Quando la sensazione di disgusto appare primariamente in connessione con l'atto di mangiare o gustare è naturale che la sua espressione consista principalmente in dei movimenti intorno alla bocca. Ma, poiché il disgusto causa anche fastidio, generalmente è accompagnato da un farsi accigliato e spesso da gesti come di allontanamento o di guardia contro l'oggetto offensivo. [...] Rispetto alla faccia, un disgusto moderato è esibito in vari modi; spalancando la bocca, come per lasciar cadere un boccone nauseabondo; sputando; allungando le labbra protruse; o con un suono come di schiarimento della gola. Suoni gutturali del genere si scrivono *eh* o *uh*; la loro espressione è accompagnata da un brivido, le braccia essendo premute vicino ai fianchi e le spalle sollevate allo stesso modo in cui si prova orrore. Il disgusto estremo è espresso da movimenti intorno alla bocca identici a quelli che preparano l'atto del vomito. La bocca è spalancata con il labbro superiore decisamente ritratto – ciò che arriccia il naso – e il labbro inferiore protruso e il più possibile rovesciato. Quest'ultimo movimento richiede la contrazione dei muscoli che tirano verso il basso gli angoli della bocca[37].

A conferma del carattere universale del disgusto, Darwin riporta un interessante aneddoto: trovatosi nella Terra del Fuoco per studi, si accingeva a consumare della carne cotta accanto a un bivacco quando si avvicinò un indigeno che, con espressione totalmente disgustata, toccò la carne. Per lo studioso risultò disgustoso il contatto tra il cibo che stava consumando e la mano dell'indigeno, nonostante non sembrasse sporca, e per l'uomo fu assolutamente disgustosa la mollezza della carne[38]. Questo esempio porta direttamente a un'altra considerazione: non è l'espressione del disgusto nei vari gruppi etnici a rappresentare una differenziazione, bensì gli oggetti che lo provocano. In ogni caso, qualsiasi sia la ragione del ribrezzo, l'oggetto disgustoso risulta essere sempre

---

[37] *Ibid.*

[38] Cfr. ivi., pp. 261-262.

offensive, termine che in inglese riassume diverse sfumatura di significato che vanno dal nauseabondo al letteralmente pericoloso[39].

Seguono altre interessanti considerazioni sulla nausea e sul rigetto fisiologico di un cibo ingerito. La nausea, in quanto riflesso involontario, ha origine, secondo Darwin, nella capacità dei nostri progenitori di rigettare volontariamente cibi considerati pericolosi. Può invece accadere che si verifichino dei conati di vomito in modo del tutto incontrollato e involontario anche solo all'idea di qualcosa: è semplicemente un retaggio evolutivo, quasi un agire ancestrale, che fa sì che permanga questa reazione istintuale; nonostante in seguito all'invenzione del linguaggio non fosse più necessario rigettare volontariamente qualcosa per far apprendere ai propri simili quali sostanze evitare e quali no. Scrive ancora:

> Possiamo credere che non appena l'uomo è stato in grado di comunicare per mezzo del linguaggio ai suoi bambini e ad altri la conoscenza dei tipi di cibo da evitare, avrebbe avuto poche occasioni per utilizzare la facoltà del rigetto volontario[40].

Darwin scrive nel 1872 ma individua delle caratteristiche del disgusto senz'altro ancora utili, sebbene l'intero impianto descrittivo risenta di una visione riduzionistica e, come anche sottolineato da Marco Tedeschini nella ripresa di questo testo[41], riduce il fenomeno del disgusto all'apparato gustativo. Il cibo rappresenta un importante punto di partenza ma è riduttivo fare di questo il punto focale di un multiforme fenomeno che ad oggi ancora non è stato inquadrato.

Darwin individua dei caratteri del disgusto utili agli studi empirici successivi, in particolare a quelli condotti da Paul Ekman e al suo team poco meno di un secolo dopo[42]. La teoria dell'universalità del disgusto viene confermata da studi condotti negli anni Settanta da Paul Ekman e Wallace Friesen[43], i quali condividono con Darwin

---

[39] *Ibid.*

[40] *Ibid.*

[41] Cfr. M. Tedeschini, *Il conflitto estetico*, cit., pp. 53-55.

[42] A questo proposito si segnala: P. Rozin, J. Haidt, *Disgust*, in M. Power (ed.), *Handbook of Emotions*, The Guildford Press, New York 1993, pp. 757-776.

[43] Cfr. P. Rozin, A.E. Fallon, *A perspective on Disgust*, in «Psychological Review», n. 94, 1987, pp. 23-41 (reperibile al link https://philpapers.org/rec/ROZAPO, consultato in data 25/05/2019).

l'interesse per l'espressione delle emozioni della specie umana. I due studiosi condussero diversi esperimenti in diverse zone del globo, poiché tacciati di occuparsi esclusivamente di culture facenti parte del mondo ormai già globalizzato e quindi potenzialmente già influenzato da modelli comportamentali appresi attraverso i media. Ekman e Friesen mettono a punto un sistema di identificazione facciale, il *Facial Action Coding System* (FACS), applicabile a ogni individuo sulla Terra e atto a dimostrare l'esistenza universale di sei emozioni primarie: paura, rabbia, tristezza, felicità, sorpresa e ovviamente disgusto[44].

1.4. «*Man ist was man isst*»

Darwin, Ekman e Friesen dimostrano che il disgusto è parte dell'esperienza di chiunque, a prescindere dall'universo di pratiche dal quale proviene. Tuttavia ciò non offre sufficienti spunti per comprendere cosa sia il disgusto, quali siano gli oggetti a cui è indirizzato o quali le sue implicazioni sulla cultura, sulla società e sulle espressioni artistiche.

Gli psicologi Paul Rozin e April E. Fallon sono i primi a considerare il rapporto che il soggetto intrattiene con l'oggetto disgustante, ma ancora una volta sono portati a considerare il cibo come principale causa di disgusto. L'intimo contatto tra la dimensione orale e l'incorporamento del cibo può comportare una contaminazione. Il disgusto primordiale, secondo questi studiosi, deriva direttamente dal "*distaste*". Il disgusto può altresì essere provocato da una serie di associazioni mentali; uno dei più famosi esperimenti condotti da Rozin e Fallon fu quello di offrire del succo d'arancia in cui era stato lasciato per un po' di tempo uno scarafaggio morto e sterilizzato o un pettine nuovo mai utilizzato[45]. I soggetti a cui era stato offerto il primo bicchiere hanno rifiutato e mostrato disgusto alla sola idea di ingerire un liquido contaminato, sebbene a "contaminarlo" fosse stato un insetto morto e sterilizzato. Altrettanto accade per i soggetti a cui viene offerta della torta al cioccolato la cui forma ricorda le feci umane. In questo caso a disgustare non è propriamente l'ingestione, bensì il presupposto cognitivo che anticipa il gesto e che al contempo, poiché il

---

[44] Cfr. *ibid*.

[45] Cfr. *ibid*.

ragionamento associativo ha già preso avvio, non può frenare la sensazione di disgusto[46].

Questi studi vengono condotti con il dichiarato obiettivo di dimostrare che ancora una volta cibo e disgusto sono strettamente imparentati (tanto da impiegare i termini *"disgust"* e *"distaste"* con significati analoghi)[47].

Tedeschini sottolinea che ciò che davvero fa paura, ciò che davvero repelle, non è la presunta ingestione di un cibo corrotto ma l'intimo e viscerale contatto tra l'oggetto di disgusto e il soggetto[48]. Niente più dell'ingestione di un cibo, o dell'unione sessuale, è sinonimo di contatto intimo ed eventualmente di contaminazione. Bere la spremuta in cui lo scarafaggio, sebbene sterilizzato, è stato intinto, significa "essere" lo scarafaggio. Partendo da questo presupposto Rozin e Fallon giungono alla conclusione che ciò che davvero spaventa dell'incorporazione orale è legato all'animalità e all'inconscio timore di tornare a una condizione animale, inferiore[49].

Trent'anni prima degli studi empirici di Rozin e Fallon, nel 1941, Andras Angyal pubblica *Disgust and related adversions*[50]. Nonostante i tempi prematuri, si è qui deciso di riportare i suoi studi perché paradossalmente più utili, perlomeno in questa sede, di quelli dei due scienziati statunitensi. Angyal, infatti, compie in un certo senso il passaggio successivo: sostiene che l'incorporazione orale è solo il grado estremo di un possibile contatto con l'oggetto e che la vera origine del disgusto risiede tanto nell'animalità quanto nell'essere umano e nelle scorie che questo produce (escrementi, umori etc). Sembra che il disgusto abbia origine nel compimento di una *perversione*: il contatto, di tipo tattile gustativo o olfattivo non importa, con oggetti legati a un qualsiasi processo deiettivo o ad

---

[46] Cfr. ivi, pp. 30-45.

[47] Cfr. *ibid*.

[48] Cfr. M. Tedeschini, *Il conflitto estetico*, cit., pp. 18-21.

[49] Cfr. P. Rozin, A. E. Fallon, *A perspective on Disgust*, cit. pp. 26-28.

[50] Cfr. A. Angyal, *Disgust and Related Aversion*, in «The journal of Abnormal and social Psychology», n. 36, 1941, pp. 393-412, reperibile al link https://psycnet.apa.org/doiLanding?doi=10.1037%2Fh0058254 (consultato il 21/03/2019).

agenti patogeni. Così facendo si perverte il senso dell'oggetto e nel soggetto si verifica quello che Angyal chiama «*emotional recoil*»[51].

Sia gli studi di Rozin, che quelli di Ekman e Angyal presentano diverse falle, perlomeno ai fini di questo elaborato. I primi approcci psicologico-empirici al disgusto non colgono il punto: non riescono a comprenderne l'origine né a capire cosa effettivamente il disgusto sia, se non una "reazione di difesa". Marco Tedeschini ritiene che persino gli studi di Kelly[52], risalenti al 2011 e che riprendono, approfondendoli, quelli poc'anzi citati sia dal punto di vista psicologico-comportamentale che da quello evoluzionistico, manchino il focus[53]. Il disgusto è infatti per Kelly poco più di un meccanismo adattivo.

Le teorie qui brevemente riportate gettano le basi per una preliminare comprensione del disgusto e della sua sintomatologia, che è definito perlopiù come: meccanismo adattivo, reazione di difesa, fortemente legato alla dimensione gustativa e ingestiva, e soprattutto emozione primordiale e ineludibile. Queste stesse basi rappresentano un interessante punto di partenza per comprendere il modo in cui il disgusto influenza il quotidiano, partendo dal giustificare i suoi aspetti più istintuali.

---

[51] Ivi, p. 398.

[52] Cfr. D. Kelly, *Yuck! The Nature and the Moral Significance of Disgust*, MIT Press, Cambridge (MA) 2011.

[53] Cfr. M. Tedeschini, *Il conflitto estetico*, cit., p. 78.

2.1. Karl Rosenkranz e la disamina del disgusto di Aurel Kolnai

Ognuno degli studi sopraccitati compone un pezzo del puzzle. È tuttavia la prospettiva fenomenologica messa in atto da Aurel Kolnai a rappresentare un reale momento di discernimento: dopo diversi decenni di silenzio, la filosofia riprende ad interessarsi del disgusto. Successivamente alla trattazione settecentesca, che come detto non si è occupata di elaborare una teoria sistematica sul disgusto ma ne ha parlato solo ed esclusivamente in qualità di limite rappresentativo, è calato sul tema una sorta di disinteresse. La convinzione che il disgusto dovesse essere escluso da qualsiasi trattazione estetica ha fatto sì che gli studi relativi all'argomento successivi a quelli settecenteschi non fossero di stampo estetologico o perlomeno filosofico.

Menninghaus ricorda a questo proposito che la fondazione dell'estetica moderna come scienza autonoma mira alla delimitazione dei fenomeni e delle esperienze soggettive riconducibili all'ambito estetico, anche e soprattutto in relazione all'arte[54]. Il campo dell'estetico è più ampio di quello ascrivibile al puro bello. In questa stessa ottica è da vedere anche l'inclusione del brutto: un elemento utile all'amplificazione del piacere poiché inserito perseguendo l'equilibrio compositivo. *Paesaggio con serpente* (1648-1650) di Poussin è un eccellente esempio portato da Maddalena Mazzocut-Mis[55] di come un elemento orribile, terrificante o persino disgustoso, se coerentemente inserito nel contesto figurativo, abbia la straordinaria capacità di rendere più interessante e gradevole l'intera composizione, in questo caso un banale paesaggio. Pochi decenni dopo Poussin, Mendelssohn parlerà, nella sua celebre ottantaduesima lettera, della precedentemente citata *teoria dei sentimenti misti*, sostenendo appunto che «un miscuglio di piacere e dispiacere [...] è più stimolante del più alto godimento»[56]. Questa teoria sembra legittimare gli oggetti sgradevoli in ambito estetico, soprattutto in virtù dell'eccesso in cui facilmente incorre il

---

[54] Cfr. W. Menninghaus, *Disgusto*, cit., p. 56.

[55] Cfr. M. Mazzocut-Mis, *Il senso del limite: il dolore, l'eccesso, l'osceno*, Le Monnier, Firenze 2009, p. 129.

[56] Cfr. M. Mendelssohn, *Lettera sulla letteratura*, in Scritti di Estetica, Tr. it di L. Lattanzi, , Aesthetica, Palermo 2004 pp. 78-81.

bello puro e dell'illusione di cui il fruitore è consapevole: il troppo bello è del tutto irreale[57]. Il disgusto rimane tuttavia escluso dagli oggetti sgradevoli potenzialmente godibili da un punto di vista estetico.

Karl Rosenkranz scrive *Estetica del Brutto* nel 1853. Qui un intero capitolo è intitolato *Il ripugnante*[58]. L'edizione italiana è stata curata dal filosofo Remo Bodei, che scrive una lunga *Presentazione*[59], nella quale si pone diversi dubbi sulla natura morale del brutto. Rosenkranz individua nella putrefazione il principale e massimo oggetto di disgusto, soprattutto per il concetto di morte ad esso strettamente collegato. Scrive lui stesso in delle appassionate pagine:

> Perché ci nausea tutto ciò che offende il nostro sentimento estetico con la dissoluzione della forma. Ma per il nauseante in senso stretto dobbiamo aggiungere la determinazione della corruzione: essa contiene quel divenire della morte che non è tanto uno sfiorire e un morire, quanto piuttosto l'imputridire del già morto. L'apparenza di vita in ciò che è già morto è l'elemento infinitamente ripugnante implicito nel nauseante. L'assurdo nel suo disordine alogico suscita anche ribrezzo se non è volto al comico [...] Quest'ultimo pretende che i nostri sensi gustino un essere ad essi ostile, e lo si potrebbe definire anche l'assurdo sensibile[60].

L'assurdo sensibile sta qui a indicare il contrario del logico: il nauseante è appunto un "disordine alogico", informe, legato a quei prodotti della natura da cui il corpo spontaneamente si separa e che sono empiricamente esperibili.

Kolnai non fa esplicito riferimento alla lettura di Rosenkranz ma è estremamente evidente che gli sia stato di ispirazione, o che perlomeno, nonostante tenda nel suo *Der Ekel* a denigrare le fonti da cui ha preso spunto, ci si trovi ampiamente d'accordo. Infatti il comune focus sul tema del putrescente e sul complesso legame tra nauseante e morte, onnipresente nella sua trattazione, viene considerato anche da lui il vero punto focale di ogni potenziale disgusto (vedi anche W. I. Miller).

---

[57] Cfr. W. Menninghaus, *Disgusto*, cit., p. 58.

[58] Cfr. K. Rosenkranz, *Estetica del Brutto*, cit., pp. 224-271.

[59] Cfr. R. Bodei, *Presentazione* in K. Rosenkranz, *Estetica del brutto*, cit., pp. 7-39.

[60] K. Rosenkranz, *Estetica del Brutto*, cit., p. 246.

2.2. Aurel Kolnai

A parte l'*Estetica del Brutto* di Rosenkranz, *La Nausea* (edizione definitiva pubblicata nel 1938) e *L'Essere e il Nulla* di Jean-Paul Sartre[61], Kolnai è l'unico a proporre una seria trattazione sistematica dell'argomento: nel 1929 pubblica *Der Ekel* sullo «Jahrbuch für Philosophie und phänomenologische Forschung» diretto da Husserl. Kolnai riconosce la difficoltà del proprio compito: il disgusto è un'emozione «estremamente vitale»[62], è quasi fondamentale farne uno studio ma è altresì evidente quanto sia complesso circoscriverlo. Scrive Marco Tedeschini:

> [Kolnai] non consente di ricondurlo [il disgusto – N.d.A.] in modo univoco all'opposto del gusto, prevenendo qualunque ingenua polarizzazione tra gusto e disgusto da un lato e bello e brutto dall'altro e mostra semmai una volta di più la necessità di pensare a fondo la complessità dei rapporti che uniscono e separano questi due termini[63].

Kolnai parla preliminarmente di «tonalità di disapprovazione»[64]. Il "disgustoso" non è semplicemente un dispiacere accresciuto, così come non è da identificare esclusivamente con reazioni di estrema repulsione. Il disgusto è un'emozione primaria, ma è prima di tutto una reazione di difesa tipica del tratto umano. Per questo è importante distinguerla da altre emozioni negative quali odio, paura, orrore, disprezzo o disgusto morale. Ogni emozione negativa può essere semplicisticamente ricondotta a una volontà difensiva, poiché ognuna di queste presuppone il voler prendere una distanza fisica o metaforica dall'oggetto in questione. Tuttavia queste emozioni si distinguono nettamente dal disgusto per diverse ragioni. La paura (*Furcht*), ad esempio, condivide diverse caratteristiche col disgusto

---

[61] Cfr. J.-P. Sartre, *La nausea* (1938), tr. it. di B. Fonzi, Einaudi, Torino 1948; Id., *L'essere e il nulla* (1943), tr. it. di G. del Bo, Net, Milano 2002.

[62] A. Kolnai, *Il disgusto*, cit., 22.

[63] M. Tedeschini, *Le fonti del* Disgusto. *Aurel Kolnai tra fenomenologia e psicanalisi*, in «Paradigmi. Rivista di critica filosofica», 3, 2017, pp. 105-120; bozza reperibile al link https://www.academia.edu/35390795/Le_fonti_del_Disgusto._Aurel_Kolna i_tra_fenomenologia_e_psicanalisi_The_sources_of_Disgust._Aurel_Kolna i_between_phenomenology_and_psychoanalysis_ (consultata in data 15/03/2019).

[64] A. Kolnai, *Il disgusto*, cit., p. 9.

ma al contrario di questo si configura come una condizione esistenziale del soggetto, ovvero proiettata verso l'esterno[65].

Disgusto e angoscia sono accomunate dall'essere entrambe tonalità difensive, così come il disprezzo, ma ciò che nettamente le distingue, e che può qui essere rilevante, è che al disgusto spetta un ruolo cognitivo che, secondo Kolnai, invece l'angoscia (*Angst*) non ha[66]. L'angoscia ci notifica un presunto pericolo: è anch'essa un'emozione primordiale, ha una forte connotazione somatica e agisce con una certa simultaneità; il disgusto, per contro, ci porta a una conoscenza quasi immediata dell'oggetto, per quanto parziale. Nel definire la differenza tra disgusto e angoscia, Kolnai si impegna a sottolineare anche la differenza con il *rivoltante* o lo stomachevole, i quali sono qualità transitorie dell'oggetto ma in cui «mancano le grandi linee oggettive del disgusto»[67]. Mentre le emozioni positive vengono tutte da lui ricondotte a una forma di amore[68], si denota un certo impegno nel differenziare i diversi gradi quantitativi e qualitativi delle emozioni negative. In ogni caso, è da notare che il filosofo non dice mai in modo diffuso che cosa sia il disgusto: la sua definizione emerge meglio per contrari e, fedele agli assunti fenomenologici, è attraverso un processo di comprensione che copre l'intera trattazione che è possibile ricavarne una caratterizzazione.

Il disgusto, come detto, ha il grande vantaggio di portare conoscenza intuitiva ,aspetto che si rivela estremamente utile nella disamina di questa emozione come componente attiva di un'esperienza estetica, uno dei fattori chiave nella teoria della Korsmeyer, come vedremo più avanti. Entrambi i fenomenologi si riferiscono alla conoscenza intuitiva intendo una conoscenza la cui base non è razionale ma principalmente empirica. Nello specifico Kolnai scrive: "Conformemente a ciò, al disgusto spetta un ruolo cognitivo [...]: il disgusto è in grado di fornire immediatamente una conoscenza parziale [*Teilerkenntnis*] del suo oggetto e, può darsi, una conoscenza propriamente intuitiva (Cfr. p. 43 cit. tr. It.). Il concetto di conoscenza intuitiva è quindi intimamente collegato alla

---

[65] Cfr. A. Kolnai, *Il disgusto*, cit., pp. 31-33.

[66] Cfr. ivi, p. 34.

[67] Ivi, p. 36.

[68] Cfr. ivi, p 37.

prossimità tra oggetto e soggetto, la stessa che genera timore e parzialmente angoscia, la stessa in cui prende corpo il già citato *paradosso del disgusto* (a cui corrisponde l' *erotismo del disgusto*), in cui si manifestano contemporaneamente attrazione e repulsione. «Indubbiamente nel fatto di disgustare si trova come parte anche un certo invito, direi una macabra attrazione»[69].

La prossimità tra soggetto e oggetto disgustante viene così descritta da Kolnai: «Per quanto oltraggioso ciò possa sembrare, possiamo allora dire che il soggetto personale e l'oggetto disgustoso, che sono tra loro esteriori, scorrono l'uno nell'altro "armonicamente"»[70].

È esattamente questa vicinanza, questa prossimità, a costituire parte integrante dell'essere disgustoso: colpisce i sensi impregnandoli con la sua putrescente forza, contaminandoli. Sussiste al contempo una "macabra attrazione", che porta a cedere a una sorta di invito. La psicanalisi direbbe che esiste un desiderio rimosso per l'oggetto disgustante, la risposta fenomenologica è invece più orientata a vederci una volontà di vita. Kolnai prende esplicitamente le distanze dalle teorie psicanalitiche che in passato hanno esercitato enorme influenza sui suoi studi, tuttavia il paradosso del disgusto trae origine proprio dalla scuola freudiana[71].

2.3. *I sensi del disgusto in* **Der Ekel**

Già gli autori illuministi e Rosenkranz avevano sottolineato che sono i cosiddetti sensi inferiori quelli adibiti alla ricezione del disgusto, ovvero il senso dell'olfatto e quello del gusto, in aggiunta a quello della vista. I tre sensi forniscono informazioni prettamente costitutive dell'oggetto disgustante: è sufficiente pensare a un'esplosione di colori, al sapore di un formaggio particolarmente consistente, all'odore di una carogna animale. Il senso dell'udito, al contrario, è considerato da Kolnai non collegabile al disgusto: se ci si dovesse imbattere in un suono ritenuto disgustoso, lo sarà per il processo immaginativo a questi collegato. Un utile esempio potrebbe essere l'udire il fastidioso rumore di un commensale che mastica rumorosamente: una volta che il suono viene percepito viene

---

[69] Ivi, p. 47.

[70] Ivi, p. 45.

[71] Cfr. *ibidem.*

processato; in altre parole: «presuppone che l'oggetto presenti una considerevole quantità di relazioni associativo-consecutive»[72]. Gli altri sensi, per contro, non sono pari elicitori di disgusto. L'olfatto sembra avere un primato assoluto su tutti, tra i cinque sensi: è quello che meno necessita di associazioni mentali, è il più immediato e il meno eludibile. Viene definito da Kolnai «organo originario dell'intima apprensione dell'esser-così»[73]. A questo si collega immediatamente il senso del gusto, sia perché condividono parte degli ambienti ricettivi (gola, faringe etc.), sia perché in entrambi i casi il soggetto inala parte dell'oggetto disgustante. Quando olfatto e gusto giocano un ruolo preminente nella ricezione del disgusto è più facile che si provi repulsione per prodotti alimentari. Altro discorso va fatto per il senso della vista: l'approccio conoscitivo che ci offre la vista è totalmente diverso da quello prettamente istintuale e somatico degli altri sensi, tatto incluso[74].

L'impressione visiva è decisamente meno pregnante di un impulso olfattivo, nonostante esistano gamme cromatiche che rimandano ad esempio alla putrefazione o ad altri elementi tattili. È proprio grazie all'elemento associativo presente nella vista che i teorici settecenteschi ne hanno fatto il senso supremo: la vista è infatti fortemente collegata alla capacità immaginativa e permette il frapporsi di un'equa distanza tra soggetto e oggetto, indispensabile alla formulazione di un corretto giudizio estetico. Aggiunge ancora Kolnai:

> Il senso della vista consente però un'apprensione dell'esser-così molto più ampia e, malgrado la sua "scarsa intimità in un sol colpo", resta comunque in grado di trasmettere una qualità di disgusto che, per quanto *sui generis*, è autenticamente tale e che, senza dubbio – mediante il contenuto –, è orientata alla più primitiva qualità olfattiva di disgusto[75].

2.4. Oggetti di disgusto

Gli oggetti del disgusto possono essere per Kolnai di natura fisica o morale. Ad accomunarli è l'elemento contaminante: se un oggetto

---

[72] Ivi, p. 57.

[73] Ivi, p. 61.

[74] Cfr. ivi, pp. 55-61.

[75] Ivi, p. 61.

fisico è potenzialmente contagioso e rischia di mettere in pericolo l'integrità fisica del soggetto a causa di una forzata prossimità, altrettanto contagioso è un comportamento morale particolarmente deplorevole. Inoltre, a prescindere dalla natura dell'oggetto disgustante, in entrambi i casi si verifica la stessa reazione somatica. Come già detto, i principali oggetti di disgusto sono la putrefazione, il disfacimento fisico, la marcescenza, in generale il materiale organico in stato di decadimento. La putrefazione agisce in maniera idiosincratica sui nostri sensi: raggiunge ogni canale percettivo e diventa una sensazione totalmente pervasiva. In sé porta i germi di una vitalità eccessiva, brulicante, fuori posto, viscida e contaminante; è, in altre parole, «un pezzo di vita avvolto nella morte»[76]. Altrettanto accade per gli scarti, le ulcerazioni, gli escrementi e gli umori: tutto ciò che il corpo umano spontaneamente espelle. Gli escrementi, in particolare, segnalano quel passaggio da materia vivente a materia morta, simbolo e concretizzazione di quei processi vitali che non vogliamo vedere. Di fronte a questa categoria di oggetti la più comune reazione è la presa di distanza. In questo caso il disgusto ha una forte connotazione repulsiva, fatta forse eccezione per atti di coprofagia (si tornerà più tardi sulla connessione tra disgusto e sessualità). Altrettanto accade per le secrezioni la cui densità e viscosità fa pensare che possano restare attaccate (pensiamo al muco, al sangue rappreso o al sangue mestruale) e quindi a ciò che è conoscibile anche attraverso il tatto.

Il loro inopportuno esistere rappresenta il reale problema. Ciò che accomuna gli oggetti di disgusto è il potenziale contaminante che li caratterizza, la possibilità che possano lordare, sporcare e trasmettere la loro infima ed esecrabile essenza al soggetto. Kolnai individua un solo elemento di disgusto che, sebbene il più contaminante, non è direttamente collegabile al disfacimento della vita o a un eccesso fuori luogo di vita: la sporcizia.

Con sporco pensiamo in primissimo luogo a uno strato grigio-nero di un composto indeterminato e, in generale, a delle "particelle che si attaccano". [...] Tuttavia le proprietà formali principali di ciò che è disgustoso sono due: il suo importunare il soggetto (chi è disgustato) attancandoglisi in qualche modo e ciò che dell'attaccarsi, sotto il profilo del contenuto, suscita disgusto. [...] Mediante la sporcizia, però, l'appiccicarsi in generale si fa sensibilmente vicino al soggetto personale:

---

[76] Ivi, p. 63.

durante le sue attività questa miscela di particole prive di qualità, producendosi, si attacca alla pelle dell'uomo[77].

Perciò due categorie di oggetti provocano principalmente disgusto: quelli prodotti dallo stesso organismo umano, che rischiando di tornare "al mittente", provocano la reazione di ripulsa, e agenti esterni il cui agire è completamente fuori dal controllo del soggetto. Kolnai cita infatti la classe animale, focalizzandosi in particolare su alcune specie di insetti e rettili. Con animali non si intendono qui gli organismi superiori, ovvero animali di fronte ai quali proviamo un reverenziale timore, ad esempio i grandi predatori marini o alcuni grandi felini. Piuttosto ci si riferisce a piccoli rettili e roditori: strisciano, sono freddi al tatto, quindi non immediatamente ricollegabili alla vista, ma veloci e fulminei, oltre che spesso imprevedibili come i ratti e i vermi. I vermi meritano una menzione a parte, poiché collegati al brulicare, all'eccesso di vita, e la loro presenza è solitamente accompagnata a un corpo fisico in decadimento in piena fase decompositiva: «è l'impressione che siano essi stessi sorti da lì»[78]. Continua Kolnai:

> Soprattutto questa vitalità, che si dibatte e contorce, che è inquieta e nervosa, possiede un tratto singolarmente "freddo", quasi che tutto ciò che fosse un'astratta e, in certo qual modo, dimostrativa "danza della vita", senza l'adeguato calore di vita, ovvero senza il contenuto interno della vita; infine il loro tratto aggressivo-insidioso, proprio della maggior parte di tali animali. Il ruolo di quest'ultimo viene spesso sopravvalutato: è la solita idea che il disgusto per gli insetti sia solo una forma, forse filogeneticamente acquisita, di angoscia. [...] Il disgusto invece riguarda meno la pericolosità oggettiva degli animali che non la qualità (ancorata all'esistenza in modo solamente secondario) dell'infido, del subdolo, una particolare miscela di furtività e insolenza sfacciata, di futilità e di zelo laborioso e ardente[79].

Di questo materiale marcescente questi esseri si nutrono e grazie a quello e in quello proliferano e si moltiplicano, probabilmente venendo a contatto con elementi contaminanti. Se Darwin aveva supposto che il disgusto per i vermi e gli insetti è la diretta conseguenza di un codice genetico che ci comunica cosa è pericoloso

---

[77] Ivi. p. 67.

[78] Ivi, p. 69.

[79] *Ibid.*

e cosa non lo è[80], la lettura in senso evolutivo in questo caso è piuttosto riduttiva poiché per quanto potrebbe essere vera, ci presenta un solo lato della medaglia. La violenza con la quale diversi individui vorrebbero schiacciarli, eliminarli (avviene anche nel caso di certe fobie: l'aracnofobia, ad esempio), potrebbe infatti avere radici nel soppresso desiderio di nutrirsene.

Un altro forte elicitore di disgusto sono le interiora, tutto ciò che normalmente è celato dallo strato epidermico. L'inaspettata visione di elementi organici può suscitare disgusto oppure orrore, e le sue alterazioni, come alcune particolari menomazioni o masse tumorali, sortiscono lo stesso effetto[81].

Per quanto concerne il cibo è invece necessario ricordare che esso presuppone un contatto intimo: non è qualcosa in cui ci si imbatte, ma è funzionale alla sopravvivenza e, di conseguenza, si va a cercare. Ciò presuppone una certa cura nello scegliere cosa ingerire, una particolare attenzione nell'evitare sostanze pericolose. Ricordiamo infatti che l'ingestione e l'inalazione di alcune sostanze può comportare l'immediata contrazione della zona esofagea e il conseguente rigetto. Aggiunge a questo proposito Kolnai:

> Nella maggior parte dei cibi si cela la possibilità che siano disgustosi: per via della pretesa di essere mangiati; perché appiccicosi, umidicci, sporchi; per il presentarsi concomitante delle più diverse reminiscenze o, infine, per via della loro relazione con la putrefazione che, sia reale o meno, è spesso presente[82].

A Kolnai tuttavia non sfugge che i cibi potenzialmente disgustosi o dal cattivo sapore rappresentano un argomento particolarmente significativo: è in questi casi che si manifesta preliminarmente *l'erotismo del disgusto*. Questo consiste in una sorta di condizione edonistica che accompagna l'ingestione di cibi dalle caratteristiche spesso ritenute disgustose. Attualmente esiste una corrente di gusto che predilige i cibi i cui sapori potremmo definire eufemisticamente forti. In Cina, ad esempio, son considerate un piatto gourmet le uova andate male da quasi un secolo; in Sardegna esiste un tipo di

---

[80] Cfr. Cfr. C. Darwin, *L'espressione delle emozioni nell'uomo e negli animali* (1872), tr. it. di B. Bandinelli, Bollati Boringhieri, Torino 2012, pp. 325.

[81] Cfr. A. Kolnai, *Il disgusto*, cit., pp. 62-71.

[82] Ivi, p. 71.

formaggio il cui forte sapore è determinato dalla presenza di una particolare specie di verme che porta il caglio a fermentare in modi piuttosto singolari. È abitudine consumare questo tipo di formaggio con anche i vermi dentro. Tanto è considerato pericoloso e contaminante che, a prescindere dal forte odore che emana, è attualmente considerato illegale e il più pericoloso al mondo secondo il Guinness World Record. Altrettanto accade con alcuni prodotti caseari in area francese, tra tutti il Camembert, e non solo. La Korsmeyer, nel testo su cui ci si soffermerà meglio dopo, sostiene che il forte odore emanato da alcuni tipi di cibo non scoraggia una grande moltitudine di persone perché questi riconoscono che, al di là della forte connotazione olfattiva, questi cibi hanno un sapore delizioso, non rappresentano un pericolo e arricchiscono persino altri tipi di piatti.

3.1. Der Ekel *nel contemporaneo*

Sebbene l'analisi fenomenologica di Aurel Kolnai risalga a quasi un secolo fa, risulta essere estremamente attuale nell'approccio alle opere d'arte che fanno impiego del disgusto. Lo sarebbe probabilmente stata anche due secoli prima, se lo stesso tema non fosse stato considerato un mero limite della rappresentazione artistica e, in generale, dell'esperienza estetica. Come già detto, e come più volte emergerà nel corso del presente elaborato, l'arte contemporanea e post-moderna[83*] hanno fatto ampio utilizzo di elementi esteticamente sgradevoli nelle loro opere per generare reazioni più forti di quelle suscitate dalla pura esperienza edonistica. L'arrivo del movimento Dada ha rappresentato una significativa cesura in questo senso. Il primo gruppo dadaista nasce nel contesto del primo conflitto mondiale con il solo intento di fare un'arte dissacratoria e fondata sulla distruzione dei valori e del gusto

---

[83] Come noto i termini contemporaneo e postmoderno impiegati in relazione al contesto artistico assumono diverse sfumature in relazione alla periodizzazione. Si consideri in questa sede l'impiego dei termini *contemporaneo* e *post-moderno* in tale modo: nel caso di contemporaneo è da riferirsi alla nascita delle avanguardie, in particolare dal gesto duchampiano in poi, nel caso di postmoderno, che è comunque incluso nel contemporaneo, ci si riferisce in particolare agli ultimi quarant'anni.

borghesi, gli stessi su cui è fondato il gusto normativo[84*]. La derisione dei valori formali, la certezza che tutto quello che era stato abbracciato dalla storia dell'arte sino a quel momento fosse insensato, hanno generato un epocale cambiamento.

Kolnai tesse una fitta trama che collega in modo molto efficace disgusto e morte:

> In sintesi constatiamo che il disgusto è suscitato dalla prossimità, o meglio dalla tentazione che in essa opera e che è costituita da formazioni, il cui modo d'essere rinvia in una maniera determinata alla vita e alla morte[85].

L'eccessiva esuberanza di certa vitalità e organicità, una vita inferiore più nuda, cruda, rude e meno incline al controllo che normalmente potrebbe essere esercitato sul proprio corpo è il vero elicitore del disgusto. L'unico modo per poter esercitare questo controllo, per poter preservare l'integrità della propria vita, è frapporre una ragionevole distanza con l'oggetto di disgusto. Ancora una volta ciò che si vuole tutelare è la "vita personale" e integra per come la conosciamo. L'oggetto di disgusto, profondamente legato alla morte, tende invece a dissolversi nel soggetto: «Non si tratta qui di un'unione e di un legame solido, ma di una compenetrazione e confusione senza freni»[86]. Nel brulicare, nell'eccesso, in «questo viver-di-più abita il non-vivere: la morte»[87].

---

[84] Alcuni studi considerano il disgusto come opposto del gusto normativo, e in relazione a questo viene studiato. Come detto, si è in questa sede preferito partire da teorie più recenti per ottenere maggiori strumenti di comprensione applicabili all'arte attuale, dando per assodato il mutamento di gusto tuttora in fieri. Ciò non toglie che il rapporto disgusto-buon gusto rappresenti un nodo fondamentale dell'analisi estetico-filosofica del disgusto. Sulla questione si consigliano alcuni testi: Cfr. L. Vercelloni, *Viaggio intorno al gusto. L'odissea della sensibilità occidentale dalla società di corte all'edonismo di massa*, Mimesis, Milano 2005; Id., *The invention of Taste. A Cultural Account of Desire, Delight and Disgust in Fashion, Food and Art*, tr. ingl. di K. Singleton, Bloomsbury, London 2016; A. Marroni, *Dal gusto al disgusto*, in «Prometeo. Rivista trimestrale di scienze e storia», n. 109, marzo 2010, pp. 34-43.

[85] A. Kolnai, *Il disgusto*, cit., p. 88.

[86] Ivi, p. 90.

[87] *Ibid.*

Tuttavia la paura della contaminazione è molto spesso irrazionale, inoltre non tutti gli oggetti disgustanti possono risultare nocivi. Kolnai propone l'esempio di api e vespe, sostenendo che proviamo ribrezzo per questi aculeati nonostante non rappresentino un pericolo per la nostra vita. È in questo intricato coesistere di vita e morte che sussiste il momento fatalmente attrattivo da parte del disgustato per il disgustoso. La prima percezione dell'oggetto vede un simultaneo agire di invito e dissuasione, l'invito e la fase attrattiva rendono solo più violenta la fase repulsiva. «Per il soggetto l'oggetto significa al tempo stesso vita e morte (quest'ultima in senso ultimo e assoluto) e gliele mostra entrambe da vicino»[88]. Il disgusto mostra senza mezzi termini cosa siamo destinati a diventare, mostrandoci «la nostra sottomissione alla morte» e il desiderio occulto di congiungersi ad essa. Un giorno quella brulicante vita che ora tanto disgusta sarà la stessa che abiterà i nostri resti. Se non ci fosse questo "momento esistenziale" insito nell'oggetto del disgusto, non si creerebbero le condizioni per l'insorgere di una reazione di difesa tanto violenta. Per usare le parole dell'autore:

> Non è questo l'unico caso in cui una situazione esistenziale viene costituita e definita da una serie di elementi d'esser-così e in cui, d'altro canto, la situazione esistenziale trova il suo rappresentante in un esser-così, permeandolo. Solo questo ci consente di comprendere in qualche modo la questione: che, come già una volta abbiamo segnalato, questa prossimità sostanziale, che riposa sulle nostre proprietà ontologiche generali, trova in forma concentrata il suo rappresentante nello speciale esser-così dell'oggetto che provoca il disgusto. Il disgusto non presenta al soggetto personale sé stesso, il suo essere, nella sua totalità, viene toccato di fatto troppo poco e troppo poco influisce sulla sua configurazione ontologica. [...] Ora però, questa speciale situazione – la prossimità di quell'oggetto – fa tutt'uno con la peculiare intenzione di vita e di morte[89].

Per questa ragione, per il suo viscerale legame alla vita e alle sue manifestazioni, quindi la morte, la sessualità, o più indirettamente il disgusto morale, il disgusto si profila per Kolnai l'emozione vitale.

In conclusione la teoria del filosofo ungherese, forte del suo impianto fenomenologico, rappresenta un testo imprescindibile per approcciarsi al disgusto. Kolnai affronta in modo sistematico gli oggetti del disgusto, trovando alla radice di questa emozione il

---

[88] Ivi, p. 94.

[89] Ivi, p. 97.

complesso legame con la vita. A prescindere dall'analisi dell'autore e dalle possibili spiegazioni legate al provare il disgusto, rimane certamente vero che gli oggetti da lui enunciati, almeno in ambito appunto oggettuale, sono quelli che più provocano questa emozione. Inoltre molta dell'arte prodotta negli ultimi sessant'anni, in ambito museale così come in ambito cinematografico, gioca proprio sullo spietato mettere in mostra il rapporto tra vita e morte, e sulla disgustosa marcescenza che segna il ponte che le unisce. Partendo da questi presupposti si potrebbero proporre diversi esempi, alcuni più calzanti rispetto all'analisi del disgusto condotta poc'anzi riportata, cercando così di trovare concreto riscontro nel contesto artistico contemporaneo.

Capitolo I. DER EKEL

CAPITOLO II. HIRST E KORSMEYER

1.1. Un caso studio: Damien Hirst

Le opere di Damien Hirst, e più in generale la sua poetica, rappresentano in questa sede un importante caso studio. Come detto, sono diversi gli artisti le cui opere rappresentano un immediato legame con la visione di Aurel Kolnai, e che fanno largo uso degli stessi oggetti di disgusto elencati dall'autore ungherese. Si è comunque ritenuto opportuno affrontare per primo il caso di Hirst sia per l'evidente legame con alcuni degli oggetti di disgusto trattati nel capitolo precedente, sia per gli interessanti quesiti di natura teorica di fronte ai quali la sua poetica obbliga a confrontarsi.

Hirst fa largo impiego del disgusto[90], in particolare di quegli elicitori la cui profonda radice risiede nella morte. Hirst, nel 1988 ancora studente al Goldsmith College di Londra, espone insieme ad altri studenti e amici dei lavori in una mostra indipendente, *Freeze*: la mostra segna l'inizio della "*Young British Art*"[91]. Il nome e il genere dei lavori esposti denunciano un intento fortemente legato al tipo di linguaggio impiegato: si vuole colpire, scioccare. I diversi artisti che prendono parte all'esposizione non sono facilmente riconducibili a un'unica corrente ma sono accomunati, nelle loro enormi differenze, dall'impiego di un linguaggio forte che fa uso di corpi e secrezioni, oltre a cercare di generare forti stati emotivi nel fruitore. Le sculture porno-genetiche di Jake e Dino Chapman, il ritratto della serial killer Myra Hindley, infanticida, la cui fisionomia è composta interamente da impronte digitali di bambini, scuotono le coscienze e non si possono ignorare. La YBA conosce da questo momento grande fortuna, soprattutto grazie alla complicità del noto collezionista e gallerista Charles Saatchi. Questi si interessa, tra gli altri, soprattutto a Hirst, con il quale avvia una fruttuosa collaborazione che termina nel 2003. È ancora grazie a Saatchi che viene inaugurata *Sensation* alla Royal Academy a Londra nel 1997[92], mostra in cui espone anche Marc Quinn, altro artista su cui si tornerà brevemente più avanti.

---

[90] Cfr. A. Gallagher (ed.), *Damien Hirst, Tate Modern Exhibition Catalogue*, Tate, London 2012.

[91] Cfr. B. Adams, *Sensation: Young British Artists from the Saatchi Collection*, Thames and Hudson, London 1997, pp. 28-31.

[92] Cfr. *ibid.*

Saatchi manifesta generale interesse per i giovani talenti londinesi, ma si focalizza soprattutto su linguaggi spregiudicati e d'impatto L'istituzione ospitante predispone addirittura un avvertimento:

> **The Royal Academy offers the following advice to people before visiting the exhibition.** There will be works of art on display in the Sensation exhibition which some people may find *distasteful*. Parents should exercise their judgement in bringing their children to the exhibition. One gallery will not be open to those under the age of 18[93].

Nonostante gli avvisi sparsi per le sale della galleria, atti a evitare lamentele a causa dei forti contenuti, la mostra riceve circa 2800 persone al giorno (280.000 in tre mesi, secondo l'*Independent*) , ottenendo enorme risonanza a livello mediatico. *Sensation* è conferma dell'apprezzamento di un certo tipo di arte da parte del pubblico, ma segna soprattutto l'inizio del successo di Hirst e di una serie di mostre individuali che ne segnano la carriera. L'artista si inserisce in, e in parte fonda, un movimento che segna un'ulteriore cesura nel panorama artistico, immettendosi in un ininterrotto flusso la cui sorgente nasce nelle avanguardie di inizio Novecento.

Gli artisti Dada hanno impiegato disgusto e provocazione come efficace mezzo comunicativo e di cesura con la tradizione che li aveva preceduti, la stessa che era frutto del buon gusto borghese. Hirst ne esacerba il linguaggio puntando a una comunicazione tanto didascalica quanto forte. I cambiamenti che attraversano tutto il Novecento, e che trovano il loro apice nei gesti di Duchamp, danno inizio a una sorta di epoca dell'esperienza estetica che dall'atto contemplativo passa per quello più diretto ed esperienziale. Yves Michaud nel suo celebre *L'arte allo stato gassoso* sintetizza il passaggio definendo più propriamente questo momento come «la fine del regime dell'oggetto»:

> Il creatore di opere diventa gradualmente un produttore di esperienze, un illusionista, un mago o un ingegnere di effetti, mentre gli oggetti perdono le loro caratteristiche artistiche. [...] Le installazioni di oggetti e performance diventano opere e le intenzioni, le attitudini e i concetti i suoi sostituti. Ma questa non è la fine dell'arte; è solo la fine del regime

---

[93] Royal Academy of Art, Press release della mostra *Sensation*, 1997, riportata parzialmente in K. Min Sun, Sensation *at the Royal Academy of Arts, London (1997)*, in «Artdesigncafé», 14/11/2010, disponibile al link https://www.artdesigncafe.com/sensation-royal-academy-of-arts-london-1997 (consultato in data 6/5/2019).

dell'oggetto[94].

Gli epocali cambiamenti avvenuti dal 1890 a, perlomeno, gli anni Settanta del Novecento circa sono specchio di enormi cambiamenti, tanto da risultare persino attualmente di difficile definizione. Il concetto di atto creativo, ad esempio, passa per un atto sconvolgente: Duchamp introduce il *ready-made*. L'artista cessa di inseguire i valori formali e inizia a fare larghissimo impiego di materiali diversi, molti dei quali destinati alla corruzione. Tale è il fenomeno che risulta complesso anche stabilire come preservare lavori come *Merda d'artista* di Manzoni, come restaurarli, se abbia un senso farlo o se non si vada a intaccare il senso stesso dell'opera.

1.2. Elicitori di disgusto e riflessione sulla morte in Hirst

Hirst, dunque, lavora e produce sulla scia di enormi stravolgimenti legati al pubblico, all'istituzione museale, al ruolo e al senso dell'arte. Non è tuttavia qui interesse inquadrarne in modo puntuale il lavoro: la sua menzione è, come detto, strettamente connessa alla teoria poco sopra enunciata di Aurel Kolnai, ragion per cui si tratteranno qui solo le opere che possono fungere da utile esempio.

Hirst si approccia al tema della morte abbastanza presto: riesce infatti, grazie a un amico anatomo-patologo, ad assistere a diverse dissezioni di corpi umani, come dimostrato dal celebre scatto *With Dead Head* (fig. 1) [95]. Il prolungato e voluto contatto con la morte incide fortemente sulla sua poetica, tanto da poter dirsi che il suo intero *excursus* artistico sia incentrato su questa riflessione[96*]. Da qui

---

[94] Y. Michaud, *L'arte allo stato gassoso: un saggio sull'epoca del trionfo dell'estetica* (2003), tr. it. di L. Schettino, Edizioni Idea, Roma 2003, p. 78. Si consiglia inoltre il testo: L. Lippard, *Six Years, The Dematerialization of the Art Object from 1966 to 1972*, University of California Press, Berkeley-Los Angeles-London 1997.

[95] Cfr. D. Hirst, G. Burn, *Manuale per giovani artisti. L'arte raccontata da Damien Hirst* (2001), tr. it. di M. Robecchi, Postmedia Books, Milano 2004, p. 34.

[96] *With Dead Head* è il nome di una foto che ritrae il giovane artista accanto alla testa mozzata di un cadavere all'obitorio. Nonostante Hirst stesse sorridendo racconta di aver provato puro terrore durante la posa per lo scatto. La fotografia è reperibile al link https://www.tate.org.uk/art/artworks/hirst-with-dead-head-ar00617.

il frequente ricorso a materiali organici, in particolare a carcasse animali che vengono conservate sotto formaldeide. Molte opere vertono sulla fragilità dell'esistenza, sulla banalizzazione della morte e sulla riflessione che queste generano nel fruitore. Sulla base di questo, e nel perseguire il suo obiettivo, Hirst non si risparmia nell'utilizzo di materiali organici in decomposizione: *The Physical Impossibility of Death in the Mind of Someone Living* (fig. 2) è il primo studio di questo tipo. L'opera che lo ha reso celebre sulla scena britannica, e successivamente in quella mondiale, lo ha anche reso uno degli artisti più ricchi al mondo. Per quanto l'opera non provochi particolarmente o affatto disgusto, viene qui menzionata per l'importanza che ha rivestito nella poetica di Hirst. Brevemente: nel 1991 Hirst si procura la carcassa di uno squalo tigre di quasi 4 metri e mezzo che viene immersa in una soluzione di formaldeide per rallentare il processo di decomposizione e preservarne lo stato di conservazione. Trattandosi comunque di un corpo organico, già nel 2006 l'artista deve sostituire l'esemplare originale. Ancora più significativa per la relazione con la teoria di Kolnai, oltre a *The Physical Impossibility of Death in the Mind of Someone Living*, ci sono *Mother and Child Divided* (fig. 3)[97*], *Away from the Flock (Divided)* (fig. 4)[98*], e più di ogni altra *A Thousand Years* (fig. 5)[99], alla quale viene dedicato un discorso a parte. Se escludiamo *A Thousand Years*, su cui ci si soffermerà a breve, le restanti opere citate non rappresentano dei veri e propri esempi di disgusto. Sebbene Hirst faccia largo impiego di materiali organici e deperibili, di corpi in decomposizione, visceri etc. è fondamentale considerare

---

[97] In questo caso si tratta di un vitello e della madre, entrambi perfettamente divisi in due parti e immersi nella solita formaldeide, ed esposti in una teca trasparente: la riflessione verte stavolta non solo sul brutale impiego delle viscere e di tipici elicitori di disgusto, ma anche sul tema della perduta unità e dell'impossibilità del suo raggiungimento. L'opera, come la maggior parte di quelle di Hirst, fa parte della collezione permanente della Tate Gallery di Londra. Cfr. D. Hirst, G. Burn, *Manuale per giovani artisti*, cit. pp. 42-45.

[98] Agnello in formalina, da riferirsi al sacrificio di Cristo e alle diverse riflessioni di Hirst sulla religione. La versione "divisa", quella in questa sede più interessante, vede l'animale diviso in due uguali parti e posto in teca, in modo che i visceri siano perfettamente visibili. Cfr. *ibid.*

[99] Cfr. B. Dillon, *Ugly Feelings*, in A. Gallagher (ed.), *Damien Hirst*, cit., pp. 21-29: 26.

che il prodotto viene presentato sotto formaldeide e l'effetto che potrebbe concretamente sortire sul pubblico viene filtrato da questa asettica presentazione.

Il caso di Hirst ci mette di fronte alla smodata influenza che l'ambiente in cui l'opera viene esposta ricopre: il museo atrofizza i sensi e opacizza il messaggio che l'artista cerca di trasmettere attraverso le proprie opere. Oltre al contesto museale è importante tenere conto che le stesse opere sembrano ferme nel tempo, immobili dietro uno spesso vetro e letteralmente sospese in mezzo a una sostanza che ne ostacola il decadimento. La teca di Hirst, la stessa teca che protegge le sue opere al pari di una camera iperbarica, quella che rende possibile forse l'esposizione museale, sembra in questa sede essere una chiave di volta. Se il medium ci mette di fronte alla domanda che già si posero i teorici settecenteschi sull'impossibilità della rappresentazione del disgusto, la teca di Hirst ci costringe a confrontarci con questo stesso quesito. Un esempio diverso è *The Virgin Mother* (fig. 6), esposta nel cortile della London's Royal Academy (New York)[100].

Nonostante l'intento dell'artista fosse solleticare una più profonda riflessione sulla morte, ottiene probabilmente l'effetto inverso su una larga fetta di pubblico: portare dentro lo spazio museale elementi organici, affrontare il tema del sangue, della vita, della morte in una zona di comfort quale il museo, mette a rischio l'efficacia del messaggio. Il vero elicitore di disgusto, quello contenuto in gran parte degli oggetti potenzialmente disgustanti, risiede nella subconscia consapevolezza della fragilità del proprio essere organico, perciò la riflessione indotta dalle opere di Hirst potrebbe non essere sufficientemente disgustante. Hirst impiega i tipici materiali correlati al disgusto, e certamente in minima parte lo suscita, rendendo l'esperienza estetica legata alle sue opere emotivamente più "variegata"; ciononostante non è il senso di disgusto a prevalere, nonostante sia stato dedicato un testo alla correlazione tra disgusto e i lavori di Damien Hirst da Manuela Buelli[101].

---

[100] L'opera viene più diffusamente descritta *infra*, p. 106.

[101] Cfr. E. Buelli, *Un'estetica del disgusto: Damien Hirst*, Galassie Arte, Pomezia 2011.

1.3. **A Thousand Years**

Un discorso a parte può esser fatto per *A Thousand Years*. In questo caso l'artista, ancora una volta soffermandosi sul rapporto tra vita e morte, ricrea il ciclo vitale all'interno di una grande teca in vetro. L'opera è composta dalla testa di una mucca in decomposizione alla quale, attraverso un foro, accedono le mosche intrappolate nell'altra metà della teca. Le mosche son spesso collegate alla materia putrescente e agli scarti fisici o agli escrementi, poiché di questi normalmente si nutrono e in questi proliferano. Gli insetti nascono all'interno della scatola, una volta in grado di volare vanno in cerca di cibo, si nutrono, si riproducono e nel costante vagare nella metà dove sta anche la testa dell'animale, si imbattono in uno strumento elettrico che le uccide. Le mosche morte vengono poi impiegate come materiale pittorico in altre opere, o meglio vengono semplicemente incollate su delle larghe tele le une accanto alle altre; un celebre esempio è *Untitled Black Monochrome (Without Emotion)* del 1997. Torna quindi, seppur in termini diversi, il tema della nascita di un'opera dalla morte di un'altra. *Untitled* non è l'unico lavoro di Hirst di questo tipo, seguono "tele" pressoché identiche le cui variazioni consistono semplicemente nel titolo: nomi di vari epidemie, malattie e vari rimandi alla morte quali olocausto, Aids, infanticidi etc. La chiarezza formale di *A Thousand Years* è notevole, quasi didascalica. Tuttavia è più interessante ciò che avvenne durante la prima esposizione alla Gambler Gallery a Londra, nel 1990: Hirst tentò di usare una vera testa di mucca, ma poiché era giustamente abitata da una quantità impressionante di larve, il processo di decomposizione era stato fortemente accelerato. Il tanfo mefitico della testa putrescente era tale da impedire ai visitatori di accedere alla stanza dove l'opera era esposta. Era evidente che il vero disgusto provocato in questo caso da *A Thousand Years* ne comprometteva la fruizione, ragion per cui l'artista tentò di eliminarne l'odore, odore talmente pregnante da provocare a lui stesso dei conati di vomito mentre maneggiava la testa per l'esposizione[102]. Il momento in cui al fruitore riesce impossibile avvicinarsi all'opera è considerato limite esperienziale, a meno che non si possa parlare di vera e propria esperienza di disgusto solo in questo caso.

---

[102] Cfr. D. Hirst, G. Burn, *Manuale per giovani artisti*, cit., p. 178.

Hirst ci pone quindi di fronte a molti dei problemi che sono relativi all'utilizzo del disgusto, o presunto tale, in ambito artistico. Il disgusto è rappresentabile? Nel caso in cui lo fosse, è fruibile? Qualora fosse fruibile, è possibile parlare propriamente di disgusto? Il disgusto, se rappresentabile e fruibile, è entrato a far parte dei cambiamenti di gusto o ne segna ancora il limite invalicabile? Qualora esistesse una versione edulcorata di questa emozione (o sentimento, vedremo poi) è ancora definibile "disgusto" nelle sue caratteristiche essenziali e nella sua sintomatologia? Il largo impiego del disgusto che ha segnato l'ultimo secolo, con particolare focus sugli ultimi quarant'anni, denuncia la fisiologica risposta dei fruitori all'assuefazione dell'arte a cui siamo abituati? Districarsi tra questi quesiti è complesso e potrebbe facilmente portare a conclusioni errate, per questo è necessario muoversi con cautela e passare per gli esempi di disgusto estetico disseminati nella trattazione.

Si è dunque visto che l'arte di Damien Hirst verte intorno a quegli elementi che molta letteratura sul disgusto pone al vertice della piramide degli abomini: la morte, i suoi succhi, la vita brulicante che la abita, i continui rimandi a ciò che un giorno anche il corpo umano è destinato diventare etc. Non solo, essendo un prodotto artistico il cui linguaggio è strutturato sul disgusto, si pone in netta controtendenza rispetto al comune senso del bello e a ciò che dovrebbe avere posto all'interno del tanto citato cubo bianco. Hirst impiega il disgusto in a *Thousand Years* ma si può dire che la sua opera sia disgustosa? Cosa si intende propriamente con il termine *disgusto* in contesto artistico?

Memori di quanto detto nelle precedenti pagine relativamente alle manifestazioni fisiche del disgusto e i suoi pattern, è bene operare una distinzione tra i suoi gradi e le sue manifestazioni.

2.1. Carolyn Korsmeyer: Il limite dei sensi prossimali e l'ampliamento dello spettro edonico in Savoring disgust

Larga parte delle dissertazioni relative all'impiego del disgusto in ambito artistico prendono le mosse dalle riflessioni settecentesche nel corso delle quali venne postulata l'esclusione del disgusto dalle categorie estetiche. Affrontare il disgusto in senso estetico corrisponde a una sfida alla tradizione teoretica: si tratta di frapporre l'atteggiamento contemplativo a quello più propriamente empirico, più strettamente fisico, laddove l'atto contemplativo presuppone un distacco dai sensi fisici, amplifica la risposta intellettiva e la mente è libera di vagare senza il peso del corpo cui è inevitabilmente legata. La distinzione tra sensi distali e corporei è uno dei solidi pilastri su cui questa teoria si poggia: la vista e l'udito sono considerati sensi estetici, tatto, gusto e olfatto pesanti macigni di cui liberarsi in un'esperienza estetica. Ancora George Santayana descrive in questo modo tale distinzione in *Il senso della bellezza*:

> Qui c'è dunque una distinzione molto accentuata tra piacere fisico e piacere estetico; gli organi di quest'ultimo devono essere diafani, non devono intercettare la nostra attenzione, ma condurla direttamente verso qualche oggetto esterno. Si comprende così molto bene la maggiore dignità e il rango del piacere estetico. L'anima è felice, per così dire, di dimenticare la sua relazione col corpo e immaginare di potersi muovere nel mondo con la libertà con cui cambia gli oggetti del suo pensiero [...] Questa illusione di liberazione dal corpo è molto eccitante, mentre sprofondare nella carne e ridursi a qualche organo dà un tono di grossolanità e di egoismo alla nostra coscienza[103].

Santayana scrive sul fine del diciannovesimo secolo, ma la sua posizione, e quella settecentesca da cui trae origine, conosce nuova fortuna proprio negli ultimi anni. Diversi sono i testi di ultima pubblicazione, o perlomeno risalenti agli ultimi quindici anni, che basano le proprie teorie sulla differenza «fenomenologica tra i piaceri dei sensi distali e prossimali»[104] e sulla localizzazione sulla superficie corporea degli uni e degli altri. Pare che tra gli strumenti

---

[103] G. Santayana, *Il senso della bellezza* (1897), tr. it. a cura di G. Patella, Aesthetica, Palermo 1997, p. 54.

[104] Allen Carlson e Glenn Parsons sono tra i più accaniti sostenitori di questa tesi, come ampiamente spiegato nel libro *Functional Beauty*, Oxford University Press, New York 2008.

di apprensione estetica non figurino quindi i sensi più prettamente immediati, anche detti sensi inferiori. L'attivazione dei sensi inferiori da parte di un'opera d'arte mette a rischio lo statuto artistico della stessa poiché rende meno facilmente discernibile una reazione estetica da una che non lo è. O per meglio dire, non è più possibile stabilire se ciò che si sta osservando sia frutto di un processo artistico o sia invece un dato reale. Lo svantaggio epistemico dei sensi corporei sembra segnare il gusto, a questi son di gran lunga preferiti i sensi distali che non rischiano di indulgere su oggetti le cui conseguenze comporterebbero un pericoloso e deviante coinvolgimento fisico. È chiaro che il disgusto rappresenta in questo senso un esempio fortemente negativo.

Gli studi condotti dalla Korsmeyer si inseriscono nel filone fenomenologico e fondano la propria analisi sulla relazione tra il soggetto percipiente e l'oggetto, con lo scopo di ampliare lo spettro edonico. Korsmeyer cerca di assegnare un diverso posto al disgusto tra le teorie psicologiche che, sino agli Novanta, si sono limitate a considerare il disgusto una reazione più che un'emozione, una mera risposta sensoriale il cui automatismo opera secondo una logica dicotomica e netta ed è attivato da meccanismi di difesa[105]. Questi studi assecondano involontariamente la linea adottata dall'Illuminismo, che vede nell'arte e nelle sue interpretazioni il coinvolgimento di organi più raffinati di quelli coinvolti nel disgusto, nella convinzione che sia solo una fase contemplativa che possa poi generare un piacere estetico. Carolyn Korsmeyer ha condotto diversi studi nel tentativo di includere il disgusto tra le categorie estetiche e

---

[105] Cfr. C. Korsmeyer, *Disgust and Aesthetics*, in «Philosophy Compass», VII, n. 11, 2012, pp. 753-761, reperibile al link https://onlinelibrary.wiley.com/doi/abs/10.1111/j.1747-9991.2012.00522.x (consultato il 12 /05/2019); Ead., *Gut Appreciation: Possibilities for Aesthetic Disgust*, in «Lebenswelt», n. 3, 2013, pp. 186-199, reperibile al link https://riviste.unimi.it/index.php/Lebenswelt/article/view/3483 (consultato il 12/ 05/2019); Ead., *Fear and Disgust: The Sublime and the Sublate*, in «Revue Internationale de Philosophie», 62, 2008, pp. 367-379, reperibile al link https://www.cairn.info/revue-internationale-de-philosophie-2008-4-page-367.htm (visto in data 24/05/2019); Ead., *Delightful, Delicious, Disgusting: Eating Sublime and Terrible*, in «Journal of Aesthetics and Art Criticism», 60, n. 3, 2002, pp. 218-225.

persino di dimostrare, attraverso le sue argomentazioni, che il disgusto può essere volto in sentimento estetico positivo.

Gli studi della filosofa statunitense vedono la luce in un momento in cui sembra impellente la necessità di tornare a indagare cosa possa essere definito arte e cosa no, affrontando lo scomodo tema del disgusto e cercando di scalzare una radicata esegesi di ciò che è stato definito tale sino a questo momento. Uscire perciò da ogni determinazione logica e assiomatica che ha definito cosa l'arte sia e come debba essere recepita significa sfidare i limiti intrinseci delle verità estetico-filosofiche fondate nel diciottesimo secolo. Il testo che viene in questa sede preso maggiormente in considerazione è *Savoring Disgust*, pubblicato nel 2011. Il disgusto e la sua rivalutazione rientrano nell'obiettivo, poco sopra accennato, di reintegrare i sensi corporei nell'esperienza estetica e fare di loro un potentissimo strumento esperienziale e cognitivo. *Savoring Disgust* è insomma scritto con il proposito di rispondere alla domanda: Può il disgusto essere fonte o parte di un'esperienza estetica positiva? Se sì, come?

2.2. Disgusto, emozione e cognizione

I shall maintain that disgust, because of the immediacy and physicality of its operation, is importantly analyzed in terms that stress its reactive, automatic nature and its sensory triggers. This emphasis foregrounds the visceral power of this affect in both its ordinary contexts and its operation in art. However, I shall also argue that this approach by no means precludes acknowledgment of the cultural plasticity of this palpably embodied emotion, which, in its very physical and reflexive function, yet manifests extraordinary diversity[106].

Korsmeyer mette immediatamente in chiaro quale sia il suo intento, come rilevato da questa citazione riportata a inizio paragrafo. Prima

---

[106] Ead., *Savoring Disgust*, cit. p. 3: «Sosterrò che il disgusto, a causa della sua immediatezza e della fisicità del suo operare, è maggiormente analizzato in modo da mettere in evidenza la sua natura reattiva e automatica e i suoi inneschi sensoriali. Questa enfasi pone in primo piano il potere viscerale di questa affezione sia nei suoi contesti ordinari, sia nel suo operare nell'arte. Tuttavia, desidero anche sostenere che questo approccio senza dubbio preclude al riconoscimento della plasticità culturale di questa emozione palpabilmente radicata nel corpo, la quale, nella sua funzione fisica e riflessiva, pure manifesta una straordinaria diversità» (tr. it. mia).

di esporre la propria teoria l'autrice propone una definizione di disgusto e dei suoi oggetti, segnando una distinzione tra sentimento ed emozione. Come è più volte emerso anche nel corso delle letture che sono poi confluite nell'elaborazione del presente scritto, è complicato stabilire se il disgusto sia principalmente un'emozione, una sensazione, un'affezione o un sentimento. Marco Tedeschini lo definisce senza mezzi termini un sentimento estetico[107], ma gli studi di psicologia empirica sono più propensi a definirlo un'emozione primordiale o basica[108]. Posto il diverso approccio disciplinare, pare evidente che la diversa declinazione affettiva del disgusto dipenda strettamente dal contesto e dall'oggetto verso cui è indirizzata, come anche sostenuto da Martha Nussbaum[109*]. Korsmeyer, dal canto suo, considera il disgusto un'emozione[110].

Attualmente esistono due principali linee di pensiero in termini di studi sulle emozioni: la prima considera le emozioni nella loro manifestazione meramente fisica, la seconda si focalizza meglio sulle ripercussioni sul comportamento umano. Korsmeyer ritiene l'uno e l'altro limitanti, soprattutto visti nell'ottica del suo intento, e si pone pertanto tra questi due approcci: sostenendo quindi la primordiale istintività che nel disgusto è insita ma curandosi anche, e soprattutto, dei suoi riflessi culturali e cognitivi. Queste due posizioni, nelle loro differenze, si accordano nel ritenere il coinvolgimento del corpo come carattere indispensabile dell'insorgere e del manifestarsi delle emozioni. Le emozioni sono considerate da Korsmeyer intenzionali,

---

[107] Cfr. M. Tedeschini, *Il conflitto Estetico*, cit., p. 8.

[108] Cfr. P. Rozin, A. E. Fallon, *A perspective on Disgust*, cit., pp. 23-24.

[109] M. Nussbaum, *Nascondere l'umanità. Il disgusto, la vergogna, la legge* (2004), tr. it di C. Corradi, Carocci, Roma 2013, p. 41: «Nonostante esistano opinioni molto diverse circa il modo in cui analizzare le emozioni, è importante rilevare come esista un ampio accordo su ciò che questa categoria include. [...] Le emozioni principali, tanto nella tradizione filosofica che nel pensiero letterario e nel senso comune, includono tipicamente la gioia, il dolore, l'ira l'odio, la pietà o compassione, l'invidia, la gelosia, la speranza, la colpa, la gratitudine, la vergogna, il disgusto e l'amore. [...] Lo scopo di tale raggruppamento è di distinguere questo gruppo di esperienze dai desideri o stimoli corporali quali la fame e la sete, così come dagli umori o stati d'animo privi di oggetto, quali l'irritazione o certi tipi di depressione».

[110] Cfr. C. Korsmeyer, *Savoring Disgust*, cit., p. 10.

intendendo con intenzionale «sentirsi nei confronti di qualcosa in tale modo»[111], e orientate verso un oggetto preciso, in linea con il suo approccio fenomenologico. Fondamentale è non confondere una condizione emotiva preesistente con quella scatenata dall'oggetto disgustante, poiché questo inciderebbe sul processo valutativo. Quando si sperimenta la paura, ad esempio, i segnali inviati dal corpo sono inequivocabili: la paura ha origine nell'amigdala e il suo insorgere provoca un caratteristico calo di temperatura (il famoso sudore freddo) che ne segnala l'intera durata: questo è considerato un riflesso fisiologico che rende il riconoscimento dell'insorgere della paura inequivocabile. Il corpo, in sostanza, invia dei segnali precisi all'insorgere di determinate emozioni. Non è da meno il disgusto, che presenta le proprie manifestazioni fisiche in modo persino più opprimente. Le emozioni ritenute negative generano dei processi che vengono controllati nell'emisfero destro della corteccia cerebrale, in particolare nell'insula. Sembra che il disgusto, come anche dimostrato da recenti studi neurofisiologici e neuroestetici, attivi proprio quell'area[112]. L'insula, considerata la sede dell'empatia e delle emozioni, è anche considerata responsabile anche nella percezione dei cattivi sapori e dell'attivazione del senso di nausea: gli stessi meccanismi che portano a distinguere il sapore di una carne putrida da quello di una carne ben cucinata, insomma. Inoltre l'insula nasce col sistema limbico (che secondo gli evoluzionisti si sviluppa nell'uomo ben prima della corteccia cerebrale), ed è l'area deputata alle emozioni basiche e responsabile di gusto e olfatto (fortissimi canali di disgusto).

Questi studi potrebbero in qualche modo supportare la tesi che il disgusto, e soprattutto la sua manifestazione fisiologica e neurologica, siano frutto di un primitivo processo cerebrale che, procedendo con l'evoluzione, è partito dalla dimensione oro-palatale

---

[111] *Ibid.*, su P. Goldie, *The Emotions: A Philosophical Exploration*, Oxford University Press, New York 2002, p. 19.

[112] Cfr. J. Cornelius, *Science of Emotions: Research and Tradition in the Psychology of Emotion*, Pearson, London 1996; J. Posner *et al.*, *The Neurophysiological Bases of Emotion: An fMRI Study of the Affective Circumplex Using Emotion-Denoting Words*, in «Human Brain Mapping», 30, n. 3, 2009, pp. 883-895, reperibile al link https://www.ncbi.nlm.nih.gov/pubmed/18344175 (consultato il 02/02/2019); cit. in C. Korsmeyer, *Savoring Disgust*, cit., p. 45.

(come supposto da Darwin e sperimentato da Ekman e soci) e si sia esteso ad aree adibite al comportamento empatico. Tutto ciò è determinante se visto nell'ottica di uno studio del disgusto in contesto artistico, poiché funge da solida base per le teorie rivalutative di Korsmeyer. La studiosa focalizza dapprima la sua attenzione sul disgusto nella dimensione oro-palatale, come il 90% degli studi che riguardano questa emozione, sottovalutando (perlomeno in *Savoring Disgust*) altri studi che individuano nell'insula anche la sede del disprezzo e dell'empatia[113]. Alcune emozioni, come la paura o la sorpresa, sono basate sul cosiddetto *startle reflex*: l'effetto sussulto. Jenefer Robinson considera lo *startle* come una proto-emozione, una condizione emotiva primordiale e inaspettata che precede di pochissimo l'arrivo dell'emozione vera e propria[114]. Korsmeyer riprende l'effetto sussulto e lo include nella rivalutazione del disgusto, considerando lo *startle reflex* un elemento a favore della capacità cognitiva di questa emozione.

Per molto tempo le emozioni, le sensazioni, i sentimenti non son stati considerati canali conoscitivi preferenziali. Tuttavia l'autrice sostiene che la fruizione di un'opera d'arte sia la prova dell'esatto contrario. L'esperienza estetica prende le mosse principalmente dalle emozioni, il raziocinio interviene solo in un secondo momento per metabolizzarle e dar loro un senso. Su cosa si potrebbe riflettere, su cosa l'intelletto dovrebbe indugiare, se non ci fossero le emozioni a segnalare l'oggetto di questo contemplare?

L'intelletto determina la validità dell'emozione, la individua come giustificata o meno: se ci sono ragionevoli motivi per temere un animale pericoloso, magari in libertà e che dà mostra di atteggiamenti aggressivi, quell'emozione è "sensata". Qualora non lo fosse, il raziocinio placa l'impeto emotivo. Altre emozioni vengono suscitate da speranze, da desideri che nella realtà concreta non hanno nessun peso, e soprattutto sorgono laddove l'oggetto ha un preciso valore culturale. Il valore culturale è considerato un fortissimo

---

[113] Cfr. G.G. Varnavas, W. Grand, *The insular cortex: morphological and vascular anatomic characteristics*, in «Neurosurgery», 44, n. 1, 1999, pp. 127-138.

[114] Cfr. J. Robinson, *Startle*, in «Journal of Philosophy», 92, n. 2, 1995, pp. 53-74, reperibile al link https://www.academia.edu/33804235/Startle (consultato in data 23/05/2019).

discernente emotivo: come detto, la relazione del soggetto con un oggetto culturalmente considerato disgustante, attiva in automatico il senso del disgusto, ma è altrettanto vero che chiunque, a prescindere dal contesto culturale di provenienza, storce il naso nel trovarsi della carne marcescente di fronte.

Questo lungo preambolo ha lo scopo di dimostrare che nell'ottica della studiosa statunitense la rivalutazione positiva del disgusto parte proprio dal considerare i diversi aspetti del disgusto in quanto emozione. È perciò da tener presente la primordialità della sua origine, così come la convinzione che ciò attivi il processo cognitivo in modo più efficace rispetto a quanto non accada in un processo contemplativo. Per contro, esiste quella che è attualmente chiamata *affect program theory*, così chiamata dalla moderna psicologia, in cui si sostiene che le emozioni abbiano un valore cognitivo più immediato e forte della ragione, spesso in maniera disgiunta rispetto al contesto culturale in cui vengono avvertite[115].

Come detto, l'autrice sostiene che le teorie poc'anzi citate sovrastimino la propria posizione: le emozioni non sempre sono coordinate a giudizi razionali, ma, per contro, la *affect program theory* non tiene invece conto del legame che intercorre tra emozioni e giudizi razionali. È così che Korsmeyer approda a quella che considera una via di mezzo: *i giudizi incarnati* o *embodied appraisals*. Secondo la teoria dell'*embodied appraisals*[116] non è possibile scindere il riconoscimento dell'emozione dalle condizioni fisiologiche in cui si verifica. Le valutazioni incarnate, o *giudizi incarnati* come li chiama Vittorio Gallese ne *Lo schermo empatico*[117], progrediscono e si evolvono fino ad assumere la forma di valutazioni cognitivo-riflessive. Le emozioni e le reazioni fisiche che scatenano, quindi, non sono di carattere meramente fisico ma hanno anche valenza conoscitiva e assumono la forma di giudizi.

Il disgusto ha fortissime accezioni cognitive: attraverso questo indaghiamo, scopriamo e valutiamo la realtà circostante. Inutile dire che la natura particolarmente fisica del disgusto rappresenta uno

---

[115] Cfr. P. Griffiths, *What Emotions really are? The problem of psychological categories,* The University of Chicago Press, Chicago 1998.

[116] Cfr. C. Korsmeyer, *Savoring Disgust*, cit., p. 14.

[117] Cfr. V. Gallese, M. Guerra, *Lo schermo empatico*, Raffaello Cortina, Milano 2015, pp. 23-34.

strumento in questo senso molto potente. Talmente potente da incidere sul contesto sociale e culturale in modo determinante, come sottolineato sia da Miller (che definisce il disgusto una «*culture-creative-passion*» dei nostri tempi) sia da Martha Nussbaum, che lo ritiene alla base delle nostre norme giuridiche con fortissime conseguenze in termini di gerarchizzazione sociale[118].

2.3. Erotismo del disgusto

Dopo aver appurato che il disgusto è un'emozione tipica del tratto umano e fortemente influenzata dal sistema culturale in cui si verifica, Korsmeyer passa ad analizzare il più intrigante ed esplorato aspetto che lo caratterizza: l'erotismo del disgusto. Questo consiste nel superamento dell'avversione per opera del desiderio di unirsi con l'oggetto che la suscita.

Il termine compare nella trattazione kolnaniana ma trova origine nelle speculazioni freudiane a riguardo contenute ne *Il disagio della civiltà*[119]. A differenza degli psicanalisti, Kolnai riconosce l'origine di questo magnetismo non nell'inconscio, ma nell'emozione conscia del disgusto, come se fosse semplicemente una sua "sfumatura". Korsmeyer cerca di investigare questo carattere del disgusto e di mostrare come esso sia componente attiva della soddisfazione estetica. A questo proposito, afferma: «I want to investigate a particular aspect of the sort of aesthetic satisfaction that disgust can deliver when it is aroused by works of art»[120].

Quando il soggetto si trova davanti a un oggetto disgustante, o culturalmente definibile tale, questi è portato istintivamente a soffermarsi sull'oggetto: il battito cardiaco rallenta inibendo una reazione immediata: si indugia nonostante la spinta ad allontanarvisi. In questo lungo istante, la controversia del disgusto diventa pervasiva e si rivela un elemento molto interessante in ambito estetico.

---

[118] Cfr. W. I. Miller, *Anatomia del disgusto*, cit., pp. 36-38; M. Nussbaum, *Nascondere l'Umanità*, cit., pp. 95-97.

[119] Cfr. S. Freud, *Il disagio della civiltà* (1929), tr. it. di E. Sagittario, in *Opere*, vol. 10, a cura di C. L. Musatti, Bollati Boringhieri, Torino 1978, pp. 622-623:553-630.

[120] C. Korsmeyer, *Gut appreciation*, cit., p. 187: «Voglio indagare un particolare aspetto di questa sorta di soddisfazione estetica che il disgusto può produrre quando è suscitato dalle opere d'arte» (tr. mia).

Pensando al citato caso di Hirst, il visitatore della mostra ha modo, nel contesto museale, di lasciare che questa controversia prenda forma poiché si trova "al sicuro" rispetto all'oggetto e non avverte una reale minaccia.

2.4. *Le critiche mosse al disgusto dai teorici settecenteschi e le risposte della Korsmeyer*

Proseguendo con il terzo capitolo di *Savoring Disgust* l'autrice espone le principali accuse che son state mosse contro la possibilità di trattare il tema del disgusto nell'arte: la prima accusa riguarda il fatto che gli oggetti del disgusto non sono e non possono essere oggetti estetici, la seconda si fonda sul fatto che il disgusto rompe con le regole della mimesi artistica e la terza consiste nell'idea che nell'opera d'arte ben riuscita il disgusto viene trasformato e perde perciò il suo carattere disgustoso.

Per comprendere meglio le motivazioni di Mendelssohn, Kant e Lessing – gli autori ai quali si riferisce in particolare Korsmeyer – è bene fare una breve digressione. Platone e Aristotele prendono posizioni dicotomiche in relazione alla tragedia e ai risvolti morali che la sua messa in scena comporta negli spettatori. Gli autori settecenteschi considerano a tal proposito la posizione platonica un punto di riferimento: considerano ovvero la messa in scena di azioni turpi e immorali un'inutile tentazione che mette a rischio l'integrità dell'animo volto al bene. Nonostante questo, la questione non viene semplicemente liquidata ma assume un ruolo importantissimo nel dibattito coevo, sollevando non pochi interrogativi.

Mendelssohn è il primo teorico settecentesco a occuparsi sistematicamente di disgusto, ispirato dal famoso passo di J. A. Schlegel[121], inserendosi così in quello che è stato poi chiamato *dibattito sulla tragedia*. È in questo frangente che Lessing, Herder, Kant e Mendelssohn decretano unanimemente il disgusto come limite rappresentativo. Per i teorici settecenteschi – qui eredi di una lunga tradizione – esisteva una gerarchia dei sensi che era posta alla

---

[121] Cfr. J. A. Schlegel, *Anmerkungen über Ekel* (Commenti sul disgusto) cit. in M. Mazzocut- Mis, *Il Disgusto nel secolo dei Lumi*, cit., p. 167: «Soltanto il disgusto è escluso da quelle sensazioni spiacevoli che permettono che la loro natura venga trasformata attraverso l'imitazione. In questo caso l'arte sprecherebbe invano tutto il suo lavoro».

base delle scelte artistiche: non tutti i sensi devono o possono essere coinvolti nella fruizione dell'opera. La ragione di questa differenza è collegata al bisogno di frapporre una distanza tra soggetto e oggetto, indispensabile alla formulazione di un corretto giudizio e a far sì che si venga a costituire il sentimento estetico. È Kant a teorizzare il sentimento estetico, ma già quando Mendelssohn scrive si parla di giudizio disinteressato: il soggetto non deve essere in alcun modo coinvolto, o sarà tentato di dare un'interpretazione personalizzata dell'opera. Per queste ragioni sono esclusi gli organi di senso che si interpongono tra il soggetto e l'elaborazione di un giudizio universale: i sensi inferiori[122]. Va da sé che è fondamentale riuscire a distinguere realtà e rappresentazione: la giusta distanza permette l'attivazione del processo illusorio, mentre al contrario l'eccessiva vicinanza lo inibisce perché è facile confondere realtà e rappresentazione. Per quanto Mendelssohn rivaluti nei suoi studi la dimensione corporea, e anzi dia all'esperienza somatica nuovo vigore rispetto alle teorie allora vigenti, egli considera la gerarchia dei sensi fondamentale nella formulazione di un giudizio corretto. In relazione a tale gerarchia, Mendelssohn sottolinea l'importanza dell'illusione estetica, nei suoi scritti chiamata *Illusiontheorie*; l'illusione avviene preliminarmente attraverso la percezione: i sensi superiori vengono ingannati generando una conoscenza sensibile e una risposta emotiva; solo in un secondo momento, una volta subentrate le facoltà superiori dell'anima, che avvertono il carattere illusorio della rappresentazione cui stanno assistendo, si arriva all'elaborazione intellettuale della stessa[123]. È secondo questo processo che le immagini sgradevoli possono comunque essere oggetto di piacere: la loro perfetta rappresentazione inganna i sensi, ma concede lo spazio per rendersi consapevoli che si tratta appunto di un'immagine. Il disgusto invece, non prestandosi al processo illusorio, risulta essere scarsamente assimilabile anche alla teoria della perfezione, che è appunto fortemente connessa al concetto di illusione[124*]. Allo stesso modo, e sempre per fattori consequenziali

---

[122] Cfr. M. Mendelssohn, *Lettere sulla Letteratura*, cit. p. 54.

[123] Cfr. ivi, p. 131.

[124] Nella concezione estetica mendelssohniana l'uomo è naturalmente attratto dalla perfezione, tuttavia il godimento estetico non deriva dalla vera esperienza della perfezione quanto dalla rappresentazione dell'oggetto

rispetto a quelli poc'anzi illustrati, il disgusto non può essere inserito nella *teoria dei sentimenti misti* elaborata dallo stesso Mendelssohn, ma già descritta da altri teorici prima di lui (Burke, Lessing e anche Du Bos)[125]. La teoria dei sentimenti misti prevede l'applicazione figurativa di elementi che suscitano sensazioni negative nelle rappresentazioni artistiche o in ambito letterario, per evitare di incorrere nell'appiattimento tipico dell'eccessivamente bello e per rendere più duraturo il piacere che ne deriva. Le sensazioni negative, tutte quindi a esclusione del disgusto, hanno «questo vantaggio che consiste nel fatto che esse non suscitano mai un puro piacere, ma mescolano sempre la loro amarezza con il diletto», e al contempo assolvono a una funzione vitalizzante dell'anima. Il soggetto esperisce sé stesso nell'opera. Il ruolo di questo alternarsi di sensazioni piacevoli e spiacevoli nel corso di un'esperienza estetica evita che il godibile si riveli presto essere saturante e nauseante, e che si volga quindi in disgusto. Il disgusto si prefigura come limite oggettivo e consiste in un confine oltre il quale non è possibile andare neanche mescolando la sua presenza a elementi più piacevoli. Partendo da queste critiche, Korsmeyer comincia a volgere il disgusto in elemento estetico positivo prima e godibile poi. Non nega che nel disgusto risieda una fortissima componente repulsiva, ma è persuasa che questa possa rivelarsi fonte di un significativo godimento.

Korsmeyer individua il problema in una parte strutturante dell'estetica settecentesca, ovvero nel coincidere di fruizione estetica e piacere. Ciò che non può essere rappresentato in modo che risulti piacevole viene escluso da qualsivoglia trattazione, e qualora lo si riuscisse a raffigurare secondo mimesi nella sua natura repellente sarebbe comunque un limite rappresentativo poiché non sarebbe fruibile. Per questo nel quinto capitolo l'autrice traccia una definizione di piacere che non è fondata sull'esclusione netta del

---

unitario. Il disgusto impedisce la rappresentazione, e di conseguenza l'illusione. Cfr. *ibid.*

[125] Cfr. E. Burke, *Inchiesta sul bello e sul sublime* (1757), tr. it. di G. Sertoli, Aesthetica, Palermo 1998; G. E. Lessing, *Laocoonte* (1764), tr. it. di M. Cometa e G. Spatafora, Aesthetica, Palermo 2007; J.-B. du Bos, *Riflessioni critiche sulla poesia e sulla pittura* (1719), a cura di M. Mazzocut-Mis e P. Vincenzi, Aesthetica, Palermo 2005.

dolore, ma che anzi lo include e lo rende elemento fondante del processo.

Nel lungo percorso che la conduce alla rivalutazione del disgusto, e nella ricostruzione della sua disamina, Korsmeyer parte da alcune considerazioni sul disgusto enunciate da Aristotele e Platone. In particolare Aristotele dà avvio a quello che verrà poi chiamato "paradosso della tragedia" (l'espressione è di Hume[126]), e si esprime sulla mimesi e sul concetto di piacere dando strumenti utili alla teoria di Korsmeyer.

Platone nella *Repubblica* menziona un episodio in cui il disgusto assurge ad esempio di emozione la cui peculiarità è l'ossimorica componente attrattiva e la compresenza di quella repulsiva, fattori fondamentali della varietà emozionale. Qui Platone introduce la dottrina della tripartizione dell'anima (razionale, concupiscibile e irascibile), dando così avvio a una concezione dell'animo umano che diventerà elemento cardine della filosofia successiva. Quando anima e ragione non sempre coincidono o convivono serenamente negli intenti, è la Ragione a doversi imporre sull'irrazionalità[127]. Nell'esprimersi a riguardo, Platone si sofferma sulla complessa oscillazione tra queste due fasi dicotomiche e la esemplifica, tra gli altri, con l'episodio di Leonzio:

> Leonzio, figlio di Agaglione, mentre saliva dal Pireo sotto il muro settentrionale dal lato esterno, si accorse di alcuni cadaveri distesi ai piedi del boia. E provava desiderio di vedere, ma insieme non tollerava quello spettacolo e ne distoglieva lo sguardo. Per un poco lottò con sé stesso e si coperse gli occhi, poi, vinto dal desiderio, li spalancò, accorse presso i cadaveri esclamando: "Eccoveli, sciagurati, saziatevi di questo bello spettacolo". [...] Ora, questo racconto significa che talvolta l'impulso dell'animo contrasta con i desidèri[128].

Platone fa raccontare a Socrate un episodio che curiosamente cita come esempio del conflitto tra irrazionalità e razionalità: la situazione in cui la curiosità porta Leonzio verso qualcosa che sa per

---

[126] Cfr. Id., *La tragedia* (1753), in *Opere Vol II.*, tr. it. di M. Misul, Laterza, Milano 1971. pp. 626-682.

[127] Cfr. Pl. *Rep.* 439e-440a (tr. it. di G. Caccia, Newton, Roma 2012, pp. 439-440).

[128] *Ibid.*

certo che lo disgusterà, ma dal quale non riesce ad allontanarsi perché vinto da una morbosa curiosità.

La curiosità, o meglio la sete di conoscenza, si rivela nella chiave di lettura aristotelica un elemento fondante. Aristotele si esprime a riguardo nella *Poetica*, dove menziona il disgusto (così almeno è stato a volte tradotto il termine "λυπηρῶς")[129*] e vi fa riferimento menzionando il potere della rappresentazione. Scrive:

> Poiché quelle cose medesime le quali in natura non possiamo guardare senza *disgusto*, se invece le contempliamo nelle loro riproduzioni artistiche, massime se riprodotte il più realisticamente possibile, ci recano diletto; come per esempio le forme degli animali più spregevoli e dei cadaveri[130].

L'arte, sostiene Aristotele, ha il potere di riprodurre la realtà e ritiene che con questa capacità sia in grado di trasfigurare esteticamente anche le emozioni negative esattamente come accadeva nelle tragedie. La tragedia aveva infatti il potere di produrre nell'osservatore un effetto catartico attraverso il quale si liberava proprio di quell'effetto negativo. Aristotele introduce il *paradosso della tragedia* proprio nella *Poetica* e afferma: «La tragedia è dunque imitazione di un'azione nobile e compiuta [...] la quale per mezzo della pietà e della paura finisce con l'effettuare la purificazione di cosiffatte passioni»[131]. Nello spettacolo tragico vengono messe in scena azioni turpi e immorali: la visione da parte del pubblico fa sì che questo si immedesimi negli impulsi che le generano, da una parte empatizzando con l'eroe tragico, dall'altra condannandone gli errori (quando i personaggi peccano di *hybris* o tracotanza)[132]. La giustizia compensatrice (*nemesis*) finale ha in conclusione il compito di rimettere ordine attraverso la punizione, da

---

[129] Ci sono diverse possibilità di traduzione del termine. La maggior parte dei teorici del disgusto lo traduce con il termine "disgusto" ma è probabile che Aristotele stesse facendo riferimento a ciò che è sgradevole, repellente o che suscita pena o dispiacere. Nonostante adduca ad esempio il cadavere, più volte qui menzionato come massimo elicitore di disgusto, non si ha la certezza che il termine disgusto sia la corretta traduzione della parola greca "λυπηρῶς".

[130] Arist. *Poet.*, 4, 1448 b-1449 a (tr. it. di P. Donini, Einaudi, Torino 2008, p. 198).

[131] Ivi, 4, 1449 b- 25 (tr. it. cit., p. 31).

[132] Cfr. ivi, 4, 1452 b-1453 a (tr. it. cit., p. 199).

cui scaturiscono sentimenti di pietà e terrore che permettono all'animo di purificarsi dalle passioni negative presenti in ogni uomo. La catarsi finale per Aristotele rappresenta la presa di coscienza dello spettatore che, pur comprendendo i personaggi, raggiunge questa consapevolezza distaccandosi dalle loro passioni per raggiungere un livello superiore di saggezza. Come afferma nella *Poetica*, qualsiasi cosa provochi disgusto o altre emozioni negative nel reale, se rappresentata secondo mimesi può divenire fonte di piacere[133]. Qualsiasi emozione e sensazione viene veicolata dalla sete di conoscenza, la quale viene appagata da una rappresentazione fedele della realtà. Per questa stessa ragione Aristotele sostiene anche che non tutti i piaceri possono somigliarsi, così come son diversi gli oggetti da cui il piacere scaturisce e lo stesso vissuto di chi ovviamente ne fruisce[134]. La rappresentazione di un oggetto o di un comportamento disgustoso (ricordo che è sempre in riferimento allo stato artistico) amplia la mente e ci avvicina alla sua intima conoscenza, perciò tanto più è simile al reale tanto più è conoscibile. In quest'ottica anche le altre emozioni "spiacevoli", come il dolore che è espresso massimamente nella tragedia, sono funzionali alla conoscenza dell'animo umano e perciò hanno risvolti positivi nell'esperienza estetica. Queste affermazioni hanno fortemente influenzato la tradizione estetica successiva, ma, come sottolineato da Carolyn Korsmeyer:

> Le filosofie illuministiche che danno origine a gran parte del quadro concettuale dell'estetica contemporanea prendono le distanze dall'affermazione di Aristotele, poiché sono unanimi nell'escludere il disgusto dalle emozioni esteticamente piacevoli[135].

---

[133] Cfr. Id., *Poet.*, (tr. it. cit., p. 58).

[134] Cfr. Id., *Poet.*, (tr. it. cit., p. 31). Sulla catarsi aristotelica, tra la bibliografia sconfinata e oltre ai testi cit. in precedenza di Korsmeyer, si sono tenuti presenti soprattutto G. Carchia, *L'estetica antica*, Laterza, Milano 1999; W. Tatarkiewicz, *Storia dell'estetica*, vol. I, *L'estetica antica* (1960), tr. it. di G. Fubini, Einaudi, Torino 1979; H.R. Jauss, *Esperienza estetica ed ermeneutica letteraria*, vol. I, (1979), tr. it. di B. Argenton, Il Mulino, Bologna 1987; e S. Halliwell, *L' estetica della mimesis. Testi antichi e problemi moderni* (2002) tr. It. Di G. Lombardo, Aesthetica, Palermo 2009.

[135] C. Korsmeyer, *Savoring disgust*, cit., p. 29 (tr. it. mia).

Se da un lato per Aristotele la tragedia avvicina alla verità, ha un potere catartico e stimola lo sviluppo morale delle civiltà, da un altro Platone ritiene che la messa in scena e la rappresentazione di comportamenti immorali ed emotivamente tumultuosi non faccia che allontanare gli uomini dall'idea di Bene. Da queste quasi ossimoriche posizioni partono i teorici settecenteschi, sia in ambito tedesco che anglosassone, per elaborare molte delle teorie che andranno a costituire i centri nevralgici dell'estetica moderna e contemporanea.

Il paradosso della tragedia pretende di rendere piacevole un'esperienza apparentemente sgradevole perché è come se ci fosse un premio per quel dolore, per quel male. Aristotele offre un contributo utile anche in questo senso.

Questo non spiega, tuttavia, perché siamo naturalmente portati a voler godere di qualcosa che comporta emozioni negative. Il concetto di piacere rappresenta un enorme malinteso, le cui conseguenze colpiscono, come un effetto domino, tutti gli ambiti relativi all'estetico. Attualmente apprezzamento estetico e piacere non possono funzionare come sinonimi. Il piacere è un'emozione estremamente complessa la cui componente cognitiva ricopre un ruolo fondamentale e la cui base non può essere posta in totale antitesi col dolore. Aristotele ricorda che l'instabilità della natura umana fa sì che il piacere tragga origine dove meno pensiamo possa nascere, persino dal più profondo male. Scrive Korsmeyer a proposito della tragedia:

Tragedy, on the other hand, arouses sympathy and sorrow for the characters. Aristotle identified the tragic emotions as terror and pity, though the examples here indicate the presence of aesthetic disgust in tragedies as well. Although disgust repels, when a character is made so because of brutal and deplorable circumstances, this need not bring about distance between character and audience at all. In Spielberg's movie *Schindler's List*, for example, there is a scene where a little boy flees from the Gestapo and plunges into a camp latrine. We see him neck deep in excrement, his face and lips splashed with the diarrhea of sickened and terrified inmates; and while the horrid stench of the scene emanates from the screen, sympathy is at its height[136].

---

[136] Cfr. ivi, p. 96: «La tragedia, d'altra parte, suscita simpatia e dolore per i personaggi. Aristotele ha identificato terrore e pietà quali emozioni tragiche, anche se gli esempi qui indicano la presenza del disgusto estetico anche nelle tragedie. Nonostante il disgusto crei repulsione, quando un

L'esempio di *Schindler's List* è efficace: il piccolo protagonista si trova a diretto contatto con il contenuto di una latrina mentre fugge dalla Gestapo, ma la scena non provoca un disgusto tale da voler interrompere la fruizione. Anzi: a prevalere è un empatico sentimento misto a pietà e compassione, suscitato proprio dalla condizione terribile in cui versa il protagonista della scena che tiene incollati all'immagine. Si è profondamente partecipi del dramma del protagonista e si spera, si auspica, che possa uscire da quella situazione di estremo dolore e pericolo[137].

2.5. *Piacere,* delight *e paradosso di avversione*

Il piacere viene quindi profilato da Korsmeyer come un'attività in cui si è intensamente immersi, che può anche essere semplicemente evocata e suggerita piuttosto che espressa esplicitamente, ma che soprattutto non presuppone l'esclusione di momenti negativi. Come l'erotismo del disgusto menziona l'attrazione, il paradosso si concentra sulla fase in cui questo riesce a procurare piacere anche dopo l'esperienza "negativa". Questa risposta emotiva, e non solo, corrisponde in parte alla definizione burkiana di *"delight"*[138]. Quando Burke ha elaborato la teoria che spiega come le emozioni negative vengano trasposte e diventino fonte di bellezza in arte, cioè la teoria del sublime, il disgusto era ancora escluso da qualsiasi sorta di concettualizzazione. Tuttavia, con questa teoria si è dato inizio a un processo importante. Nel suo trattato *A Philosophical Enquiry into the Origin of Our Ideas of the Sublime and the Beautiful* (1756), Burke definisce le sostanziali differenze tra sublime e bello basandosi su fattori empirici. Il bello, così come successivamente farà Kant, è definito come una qualità oggettiva: in questo, è altro dal

---

personaggio attua quel comportamento a causa di circostanze brutali e deplorevoli, questo non comporta necessariamente una distanza tra il personaggio e il pubblico. Nel film di Spielberg *Schindler's List*, ad esempio, c'è una scena in cui un ragazzino fugge dalla Gestapo e si tuffa in una latrina del campo. Lo vediamo immerso fino al collo negli escrementi, il viso e le labbra spruzzati dalla diarrea dei detenuti malati e terrorizzati; e mentre l'orrido fetore della scena viene emanato attraverso lo schermo, l'empatia è al suo culmine» (tr. it. mia).

[137] Cfr. ivi, p. 96 nota 151.

[138] Cfr. E. Burke, *Inchiesta sul bello e sul sublime*, cit., p. 69.

sublime il quale è invece legato a fattori sensibili e personali del soggetto. Il processo che dà vita al sublime è basato su quello che il filosofo di origine irlandese chiama appunto *"delight"* (diletto) che corrisponde a un piacere relativo in quanto scaturisce dalla scomparsa di un dolore. Il termine potrebbe essere correttamente inteso come "piacere negativo"[139].

Accade che di fronte alle rappresentazioni artistiche si percepiscano delle emozioni anche opposte tra loro, ma è importante partire dal presupposto che una non ne esclude un'altra, anche se apparentemente contrastanti. Non si tratta di dolore e piacere. L'esperienza estetica è una dimensione del reale intensificata: l'opera si trova in uno spazio per far sì che questa esperienza possa verificarsi con la maggiore eco possibile. Non esiste un solo modo determinato e assoluto di provare piacere: nonostante per esempio siano presenti in un'opera più aspetti prettamente edonistici, non sempre si può parlare di "godimento".

Esplorando la questione, già Aristotele sosteneva che non tutti i piaceri possono somigliarsi, così come sono diversi gli oggetti da cui scaturisce o lo stesso vissuto di chi ovviamente ne fruisce. Un piacere può nascere dalla fine di un dolore e da esperienze non piacevoli, che si rivelano poi tali; così appunto nasce il «paradosso di avversione», come lo chiama Korsmeyer[140]. Il piacere dunque prende tutte le forme necessarie dell'autocompiacimento e della soddisfazione, entrando in contrasto anche con sé stesso. Come sostiene Gilbert Ryle nel suo saggio sull'argomento, opportunamente richiamato da Korsmeyer, è fuorviante sostenere che il dolore e il piacere siano due opposti, affermando che l'uno porta ad agire e

---

[139] Sulla teoria estetica di Burke e più in generale sul sublime, oltre a Korsmeyer, cfr. B. Saint Girons, *Fiat lux. Una filosofia del sublime* (1993), tr. it. di C. Calì e R. Messori, Aesthetica, Palermo 2003; P. Giordanetti, M. Mazzocut-Mis, *I luoghi del sublime moderno*, Led, Milano 2005; R. Shusterman, *Somaesthetics and Burke's Sublime*, in «British Journal of Aesthetics», 45, n. 4, 2005, pp. 323-341; S. Feloj, *Il sublime nel pensiero di Kant*, Morcelliana, Brescia 2012; G. Panella, *Storia del Sublime. Dallo Pseudo Longino alle poetiche della Modernità*, Clinamen, Firenze 2012.

[140] Cfr. C. Korsmeyer, *Savoring Disgust*, cit., pp. 30, 40-44.

l'altro a subire[141]. Nell'esperienza estetica, ma anche nell'esperienza più in generale, è sbagliato portare avanti questa dicotomia, poiché spesso l'uno nasce nell'altro e viceversa.

Sempre Ryle sostiene che il piacere non può essere semplicemente definito una sensazione: tale considerazione è infatti troppo riduttiva, dal momento che il piacere può sì nascere da una sensazione ma deve avere poi un compimento multiforme[142]. Il senso attivo del piacere sta nel fatto che chiunque lo provi viene totalmente assorbito dall'oggetto, che sia lo studio della matematica, una partita a calcio, l'osservazione appunto di un'opera d'arte. Ponendo in discussione la definizione di piacere, cambia conseguentemente il suo limite in ambito artistico, laddove il piacere può essere suscitato anche dal dolore e da sensazione negative. L'arte contemporanea, come osserva Carole Talon-Hugon, è ricca di esempi di opere che volutamente suscitano disgusto. In quest'ottica è sufficiente contestualizzare tale disgusto, e diverrà spontaneo l'indugiarvi una seconda volta[143]. Le diverse emozioni concorrono insieme nel costituire una profonda esperienza estetica e un'importante esperienza cognitiva.

Si è visto che in *Savoring Disgust* ricorre spesso il termine "cognitivismo", il quale è sempre utilizzato con un significato preciso: esso indica la conoscenza che avviene tramite il risveglio di emozioni complesse generate dall'esperienza estetica[144]. Così Noël Carroll, sempre sulla scia del cognitivismo inteso in questo modo, sostiene che il provare attrazione per ciò che ci repelle e disgusta consiste nel capirne la natura[145]. Si sta quindi verificando un ribaltamento del concetto di piacere che prende le mosse dagli studi sul sublime condotti da Burke, ma che vede un ulteriore sviluppo negli ultimi vent'anni. Questa evoluzione sembra risultare fondante per la nascita di un'eventuale estetica che vuole accogliere il disgusto tra le file delle esperienze piacevoli.

---

[141] Cfr. G. Ryle, *Dilemmi* (1954), tr. it. di E. Mistretta, Astrolabio Ubaldini, Roma 1968, pp. 58-70 (cit. in C. Korsmeyer, *Savoring Disgust*, cit., pp. 102-103).

[142] Cfr. ivi, pp. 62.

[143] Cfr. C. Talon-Hugon, *Goût et dégoût: l'art peut-il tout montrer*, Jacqueline Chambon, Nîmes 2003, pp. 112-114.

[144] Cfr. C. Korsmeyer, *Savoring Disgust*, cit., pp. 7-8.

[145] Cfr. N. Carroll, *The Philosophy of Horror*, Blackwell, Malden (MA) 1998, p. 74; cit. in C. Korsmeyer, *Savoring Disgust*, cit., p. 74.

2.6. *Fruizione e trasparenza del disgusto*

Una delle risposte che Korsmeyer virtualmente offre alle critiche mosse ai teorici settecenteschi è che, per quanto un'opera d'arte possa sembrare realistica, non può comunque essere percepita dai canali favoriti del disgusto[146]. I sensi che dovrebbero essere coinvolti nella percezione del disgusto, o che lo dovrebbero provocare, spesso non possono essere inoltre sollecitati, perché, a causa delle regole che vigono all'interno dello spazio museale, non è possibile toccare gli oggetti né avvicinarsi tanto da annusarli o assaggiarli, evitando così il rischio contaminante che risiede nelle radici recondite di questa emozione. Scrive l'autrice:

> Partly this has to do with museum and gallery regulations that prohibit touching exhibits; partly it has to do with safety, for disgusting tastes and smells can be dangerous. And partly it has to do with the history of art and aesthetic conventions, for only vision and hearing are traditionally considered aesthetic senses. Mostly it has to do with the difficulty of stimulating taste and smell directly in ways that at once arouse disgust, are aesthetically compelling, and are physically tolerable. Limits of physical tolerance advise that extreme visceral disgust in art is best aroused by means of the imagination[147].

Kolnai ha individuato nel senso della vista un senso piuttosto sensibile al disgusto a causa del potere che ricopre nel potere immaginativo: la descrizione molto vivida di un elemento disgustante suscita enorme repulsione[148]. La descrizione di un oggetto disgustante, tuttavia, non ha l'effetto viscerale del contatto diretto con quel qualcosa: per questo la vista, che pure potrebbe

---

[146] Cfr. C. Korsmeyer, *Savoring Disgust*, cit., pp. 160-161.

[147] Ivi, p. 57 "Questo ha in parte a che fare con i regolamenti di musei e gallerie che vietano di toccare le opere esposte; in parte per ragioni di sicurezza poiché i sapori e gli odori disgustosi potrebbero essere pericolosi. E in parte ha a che fare con la storia dell'arte e le convenzioni estetiche, poiché solo vista e udito sono tradizionalmente considerati sensi estetici. Principalmente ha a che fare con la difficoltà di stimolare gusto e olfatto in modi che potrebbero suscitare disgusto, in modo esteticamente avvincente e che sia fisicamente tollerabile. I limiti della tolleranza fisica suggeriscono che il disgusto viscerale ed estremo in ambito artistico viene suscitato meglio dall'immaginazione" (tr. it. mia).

[148] Cfr. A. Kolnai, *Disgusto*, cit., pp. 60-61.

essere considerata canale preferenziale nel disgusto estetico[149*], non ne inibirebbe la fruizione. C'è da aggiungere che la stimolazione sensoriale di questa emozione non è affatto semplice, come si vedrà a breve a proposito della "tanta" arte disgustosa che affolla le gallerie del nostro tempo. Quando l'autrice ha preso ad occuparsi di disgusto è partita dallo stesso presupposto che l'ha portata a studiare il fenomeno in ambito gastronomico, ma nel contesto artistico il discorso è ampiamente più complesso. Se nelle opere d'arte il cui oggetto provoca disgusto (si è visto in Hirst un eccellente esempio) ritroviamo il mistero della vita e della morte è naturale, secondo la filosofa, che una forza più impetuosa del nostro volere ci porti a soffermarci su quell'oggetto e sulle sensazioni che esso suscita[150]. Questo accade perché in quell'oggetto risiede una verità che non vogliamo vedere e che nel quotidiano siamo più allenati a ignorare, proprio perché immersi in altre attività. Per molti teorici tutti gli elicitori di disgusto fisico più diffusi nella cultura occidentale hanno strettamente a che vedere con il *memento mori* e con le sue manifestazioni organiche. L'arte ha il potere, dice con enfasi Korsmeyer, di raccontare verità che conosciamo in astratto e che vorremmo ignorare, o che non siamo in grado di concepire in quanto esseri finiti, con un linguaggio che le rende più sopportabili ma soprattutto più imprimibili. È forse questa la ragione per cui non si riesce a distogliere lo sguardo davanti a un cadavere? Sappiamo di essere mortali, che le civiltà finiscono, che accadono le guerre ma non ne siamo realmente consapevoli. L'autrice sostiene che attraverso l'arte possiamo prendere coscienza di queste verità senza esserne totalmente travolti, evitando perciò tutti gli effetti negativi che deriverebbero dal vivere in prima persona quelle stesse situazioni. In questo senso la trasparenza del disgusto si rivela

---

[149] Korsmeyer impiega il termine *aesthetic disgust* come sinonimo di disgusto esperito in ambito artistico. Tuttavia, come si legge in nota 158, Korsmeyer puntualizza che l'impiego del termine stesso non è del tutto corretto poiché potrebbe lasciare intendere un significato preciso. È invece concettualmente impossibile incasellare il termine disgusto estetico, ragion per cui viene spesso utilizzato come indicazione generica di esperienza di disgusto in ambito artistico.

[150] Cfr. C. Korsmeyer, *Savoring Disgust*, cit., p. 56 nota 163.

potente veicolo di messaggi[151*]. La trasparenza del disgusto comporta una mancata distinzione, in termini sensoriali, tra rappresentazione illusoria e realtà, ma questo è per l'autrice unicamente un vantaggio. Il disgusto rompe con il paradosso della finzione e con l'inganno che esso genera, lo stesso a cui tutti scegliamo di credere quando ci interfacciamo con un'opera, ma al contempo il disgusto può essere suscitato anche da rappresentazioni che sono frutto dell'immaginazione dell'artista. È sufficiente pensare ai mostri creati dalla cinematografia, o alle situazioni estreme che possono prendere vita solo in una realtà fittizia. Inoltre Korsmeyer sostiene che non ha senso continuare a valutare il disgusto esperibile in ambito estetico con gli strumenti con i quali si valuta l'incontro con il disgustante in ambito extra-artistico: si tratta di livelli empirici diversi.

Si è qui del parere che in ambito artistico ci si trovi in un contesto in cui lo spettro di possibilità espressive del disgusto è enormemente più ampio; non solo: il contesto museale inibisce la percezione, ponendo il fruitore in una posizione contemplativa che ha origine già nel luogo in cui fisicamente si verifica. A questo proposito Korsmeyer afferma che il disgusto in ambito artistico si presenta con diversi gradi di intensità e che, insieme a questo, si possono esperire molte altre emozioni che ne determinano la percezione.

---

[151] La trasparenza del disgusto ha origine nel topos dell'*ars est celare artem*. Kant ne parla nella Critica del Giudizio, al paragrafo 174-175, ma è preceduto dalla teorizzazione di Mendelssohn, che menziona l'argomento nella citata *82 Literaturbriefe* (132). La percezione del disgusto passa per i sensi inferiori, gli stessi che non sono chiamati all'utilizzo durante l'esperienza estetica, gli stessi che impediscono la contemplazione. I sensi inferiori sono canali di percezione diretta, questi vengono in sostanza attivati solo in presenza di un oggetto reale. Il disgusto e la sua rappresentazione attivano direttamente questi canali. Scrive Mendelssohn al paragrafo 132: <<L'arte illude la conoscenza sensibile e la facoltà di desiderare dell'anima, e l'immaginazione è presa da un tale trasporto che talvolta dimentichiamo tutti i segni dell'imitazione. [...]. Per accrescere il nostro diletto, ci siamo abituati a distogliere l'attenzione da tutto ciò che potrebbe compromettere l'illusione, indirizzandola soltanto verso ciò che riesce a mantenerla>>. La trasparenza è il ponte attraverso il quale il disgusto intrattiene un rapporto privilegiato con il reale, lo stesso che ne impedisce, secondo le teorie illuministe, la fruizione.

Even the more specific term of use "aesthetic disgust", is misleading, for it may imply that there is a simple type of affect that is evoked by multitudinous works of art, as though similar qualia are occasioned by variant works. On the contrary, each aesthetic affect is different; each registers a distinct meaning and element of art[152].

---

[152] Ivi, p. 97: «Perfino l'uso più specifico del termine "disgusto estetico" è fuorviante, perché può implicare che c'è un tipo semplice di emozione, la quale è evocata da una moltitudine di opere d'arte, come se caratteristiche simili fossero causate da opere diverse. Al contrario, ogni emozione estetica è differente; ognuna registra un significato e un elemento artistico distinto dagli altri» (tr. it. mia).

3.1. Esempi di gradi di disgusto in Savoring Disgust

Gli stessi autori illuministi tendono a uniformare il termine "disgusto" in ambito estetico senza tenere in considerazione le sue sfumature, e l'errore risiede, secondo Korsmeyer, nel ritenere tutt'oggi valide le categorie estetiche determinate a fine Settecento. La nostra pratica linguistica non è tuttavia d'aiuto poiché non esistono termini che indichino diversi livelli di disgusto; quindi, per individuare un campionario possibile, l'autrice propone alcune opere d'arte che fungano da esempio di grado e fruizione del disgusto.

Un confronto utile, proposto da Mazzocut-Mis, è quello che vede *Saturno che divora i suoi figli* (fig. 7 e 8) a opera di Goya in un caso e di Rubens nell'altro. Il dipinto rappresenta l'allegoria della vecchiaia che si nutre della giovinezza, o il tiranno che divora i suoi sudditi: possiede dunque un significato allegorico. Goya costruisce l'immagine accentuandone i tratti grotteschi, e raffigura Saturno dopo aver già divorato la testa dell'infante. Nel caso di Rubens la composizione è più tipicamente classica: le due figure sono quasi michelangiolesche, morbide nei cromatismi e disposte secondo equilibrio compositivo. L'impostazione figurativa stride con l'evento narrato e con l'espressione del bambino che il vecchio sta lentamente prendendo a divorare. Diderot si esprime sull'opera e ciò che contesta a Rubens è che il pittore sia stato troppo fedele alla realtà nella rappresentazione, quasi impietoso, così che il risultato è la vista di un anziano che fa a brandelli la carne di un bambino, le cui grida sembrano quasi udibili[153]. Ci si domanda se in entrambi i casi si tratti di disgusto o non si stia piuttosto parlando di qualcosa di terrificante: l'atto di mangiare un essere umano, il proprio figlio, rappresenta qualcosa di socialmente e culturalmente inaccettabile, di disgustoso in senso morale. Ed è questo che vuole dire Korsmeyer: il disgusto non si presenta come un'emozione netta, è più probabile che sia accompagnata o preceduta da altre emozioni negative o che venga suscitata non dall'oggetto in sé bensì dalle proiezioni culturali che lo

---

[153] Cfr. D. Diderot, *Salons* (1761), in M. Mazzocut-Mis, *Entrare nell'opera. I Salons di Diderot; Selezione antologica e analisi critica*, con la collaborazione di M. Bertolini, R. Messori, C. Rozzoni e P. Vincenzi, Le Monnier, Firenze 2012, p. 114; cit. in M. Mazzocut-Mis, *Il Disgusto nel secolo dei Lumi*, cit., p. 169.

investono e dai filtri attraverso i quali viene fruito[154]. C'è un disgusto che intensifica la paura, come in un film particolarmente cruento dell'horror (gli splatter o i core ne sono esempio), uno che asseconda il riso, uno che amplifica sentimenti come la pietà e la tristezza, e i vari elementi sono portati a comporre un valido mix perfettamente godibile. In quest'ottica sembra che il disgusto possa essere incluso, nelle sue declinazioni più docili, persino nella teoria dei sentimenti misti, poiché ha il potere di vivificare l'animo senza per questo compromettere la fruizione dell'opera.

Si potrebbe contestare a Korsmeyer che, qualora si trattasse di un disgusto pregnante, quello che concretamente impedisce la fruizione, sarebbero probabilmente i teorici settecenteschi ad avere ragione. Il disgusto si profilerebbe come limite esperienziale, poiché la teorica ha a più riprese risposto a queste accuse considerando il disgusto come emozione volgibile in positivo, ma non è chiaro se si pronunci sullo stesso tipo e grado di disgusto di cui parlano Kant o Mendelssohn. Allo stesso tempo anche la definizione "disgusto estetico" può risultare fuorviante perché pretende di racchiudere in questo termine una varietà emotiva difficilmente ascrivibile a una sola parola[155].

[Disgust] is an upsetting emotion that is deployed by artists just for that reason—to upset and unsettle comfortable attitudes and conceptual frameworks. For all these reasons, depending on the artistic context, disgust may mingle with diametrically opposed emotions: with pity and sorrow, with amusement and contempt, with sexual arousal or repulsion, with wonder and curiosity. The consequence of the multifarious occasions of aesthetic disgust is that one and the same emotion—the one labeled "disgust"—feels markedly different when aroused in different contexts. And the differences can be profound: instances of aesthetic disgust differ in valence (i.e., in whether they are felt as pleasure or pain, as negative or positive), in the degree and tenor of somatic arousal, in the emotions that accompany them, in their meanings, in the attitudes they ground, and in their roles in genres and works of art[156].

---

[154] C. Korsmeyer, *Savoring Disgust*, cit., pp. 91-93.

[155] Cfr. ivi, pp. 94-96.

[156] Ivi, pp. 96-97: «[Il disgusto] è un'emozione sconvolgente che viene dispiegata dagli artisti proprio per questo motivo: per sconvolgere e perturbare comode abitudini e strutture concettuali. Per tutti questi motivi, a seconda del contesto artistico, il disgusto può mescolarsi con emozioni

I diversi gradi di disgusto, come detto, sono esemplificati da alcune opere. L'autrice cita prima di tutto *Self* (fig. 9), il mezzobusto di Marc Quinn realizzato nel 1991. Quinn esordisce con il gruppo della YBA, lo stesso di cui faceva parte Hirst, e non tradisce l'intento comune che accomuna questi artisti. *Self* è un mezzo busto a grandezza naturale interamente costituito da sangue rappreso dell'artista raccolto una volta a settimana per cinque anni. L'umore viene versato in uno stampo che riproduce le fattezze fisiognomiche di Quinn e conservato in cubo refrigerato. L'operazione viene ripetuta regolarmente ogni cinque anni: l'intento è quello di indurre una profonda riflessione sul concetto di identità e sull'invecchiamento. La superficie epidermica del volto e il sangue al suo interno sono tenuti all'interno di una teca refrigerata che ne impedisce la disintegrazione. Peter de Bolla, trovatosi di fronte all'opera racconta di «avere la sensazione di camminare sulla tomba di qualcuno» e di avvertire al contempo uno «spasmo somatico»[157]. *Self* ricorda, a essere gentili, una maschera mortuaria piuttosto verosimile. La sensazione percepita da de Bolla risulta estremamente importante per la tesi di Korsmeyer proprio per lo "spasmo somatico" che la caratterizza. Questo spasmo risulta essere fattore chiave, poiché il repentino disgusto avvertito grazie allo spasmo

---

diametralmente opposte: con pietà e tristezza, con divertimento e disprezzo, con eccitazione o repulsione sessuale, con meraviglia e curiosità. La conseguenza delle molteplici occasioni di disgusto estetico è che una e una sola emozione, quella che si chiama "disgusto", è marcatamente diversa quando viene stimolata in diversi contesti. E le differenze possono essere profonde: le istanze di disgusto estetico differiscono nella valenza (cioè nel fatto che siano percepite come piacere o dolore, come negative o positive), nel grado e nel tenore dell'eccitazione somatica, nelle emozioni che li accompagnano, nei loro significati, negli atteggiamenti di cui costituiscono la base, e nei loro ruoli nei generi e nelle opere d'arte. Anche il termine d'uso più specifico, "disgusto estetico", è fuorviante, perché può implicare che esiste un singolo tipo di affetto che viene evocato da moltissime opere d'arte, come se simili qualità fossero provocate da diverse opere d'arte. Al contrario, ogni affezione estetica è diversa: ognuna registra un distinto significato e un elemento dell'arte». (tr. it. mia).

[157] Cfr. P. de Bolla, *Toward the Materiality of Aesthetic Experience*, in «Diacritics», 32, n. 1, 2002, pp. 19-37: 25.; e Id., *Art Matters*, Harvard University Press, Cambridge (MA) 2001, p. 2 (entrambi cit. in C. Korsmeyer, *Savoring Disgust*, cit., pp. 110- 111).

permette di registrare l'informazione, facendo sì che il soggetto sia portato a soffermarsi sull'opera. *Self*, nella trattazione dell'autrice, palesa lo straordinario potere dell'arte: indurre una riflessione su un dato reale dando modo al soggetto di avvertire quel sottile senso di inquietudine che si è insinuato a livello viscerale, proprio grazie al disgusto. «Quindi, il disgusto, può anche essere bello nel suo essere disturbante»[158]. La filosofa insiste sulle diverse sfumature del disgusto e per farlo impiega sei diversi esempi tratti dal mondo artistico contemporaneo; ognuno di questi è strettamente collegato a due dei principali elicitori di disgusto.

Alcuni degli esempi addotti dalla Korsmeyer intrecciano un'intensa relazione con il sesso e il cibo, che, come stabilito dagli esperimenti di psicologia empirica e come confermato anche da Miller e Kolnai, sono strettamente connessi al concetto di contaminazione. «The mouth and its activities are also near-universally twinned with sex, an association that links eating and its risks with eroticism and its vulnerabilities»[159]. Il potere sinestetico evocato dall'assaporare, dall'ingerire e incorporare un oggetto disgustante incorre facilmente in un disgusto che non lascia possibilità di redenzione. Basti pensare, per non aggiungere che un esempio, al processo empatico che coinvolge lo spettatore del film *Il cuoco, il ladro, sua moglie e l'amante* di Peter Greenaway (1989). Un film spesso definito stomachevole, la cui parte più disgustosa vede la moglie che obbliga il marito abusante a mangiare il cadavere cucinato dell'amante di lei, da lui ucciso brutalmente. L'intera trama verte su sesso, violenza e cibo; l'atto di cannibalismo è solo l'apice di un climax che mette a dura prova. Lo spettatore si trova suo malgrado a godere dell'atto di vendetta della donna abusata, e dell'atto di supremazia che vede l'arrogante uomo obbligato a vincere il proprio disgusto per sopravvivere, provocando disgusto a sua volta. Anche in questo caso l'elemento disgustoso si fonde sapientemente con gli altri elementi e rafforza l'azione violenta, trasmettendola con fervore al fruitore.

Il secondo esempio relativo a erotismo e disgusto verte invece sulla figura dell'artista femminista Jenny Saville, altra componente della

---

[158] C. Korsmeyer, *Savoring Disgust*, cit. p. 100 (tr. it. mia).

[159] *Ibid.*: «La bocca e le sue attività sono quasi universalmente gemellate con il sesso, un'associazione che collega il mangiare e i suoi rischi all'erotismo e alle sue vulnerabilità» (tr. it. mia).

YBA e parte attiva del gruppo Saatchi (lo stesso cui si è fatto riferimento a proposito di Hirst). La pittrice trae ispirazione da Cindy Sherman, punto di riferimento nel panorama femminista degli anni Ottanta, e non trascura di citare le tecniche pittoriche di Francis Bacon. Jenny Saville focalizza la propria attenzione su corpi femminili deformati dall'eccesso di adipe, donne che quasi sembrano trasformarsi in animali, in un misto di sensualità e repulsione[160]. Il corpo femminile da sempre, soprattutto a partire dall'ideale classico, rappresenta la massima forma di equilibrio, bellezza e grazia. In proposito, Menninghaus porta avanti un'interessante riflessione sullo stigma che da sempre pesa sul decadimento fisico dovuto all'anzianità, ma soprattutto su quello che grava sul corpo femminile in generale[161]. Spesso, abbinando i termini disgusto e fisicità si ottiene l'immagine un corpo femminile brutto, decadente, floscio il cui richiamo non è da riferirsi solo alla morte e alla decadenza che la anticipa, bensì alla femminilità. Scrive Menninghaus, in un passo che sembra ben adattarsi a Saville:

> I predicati "bello" e "brutto" dunque, vanno applicati precisamente "sempre soltanto in modo relativo", relativamente cioè alla distinzione dei sessi. Per avere legittimità, il predicato "brutto" ha sempre bisogno di un riferimento quasi trascendentale alla disgustosa donna vecchia, indipendentemente dal fatto che si tratti di una donna "vera" o di un uomo travestito[162].

Oltre a ciò, si può riconoscere che nessuno meglio di Lucian Freud, altro artista da cui la Saville trae ispirazione, sia riuscito a rendere, con un realismo pittorico impressionante, l'idea di quanto il tema del disgusto sia legato a quello della carnalità. L'artista britannica si occupa a sua volta del corpo femminile e delle sue deformità: le protagoniste dei dipinti della Saville strabordano di grasso e tanto ne sono oppressi, tanto sono esageratamente enormi, da riuscire a librarsi oltre la dimensione somatica e oltre i fardelli che la affliggono a causa di un esasperante conformarsi agli ideali di gusto. La Saville è solo una delle tante artiste femministe che si rivoltano contro il far mostra di una femminilità priva di inestetismi, e impiega

---

[160] Cfr. Jenny Saville: *Contemporary Artiwzsts*: *Host*, February 17, 2009, reperibile al link https://www.saatchigallery.com/aipe/jenny_saville.htm (consultato il 13/05/2019).

[161] Cfr. W. Menninghaus, *Disgusto*, cit., pp. 130- 131.

[162] *Ibid*.

la propria arte come strumento di denuncia. Anche nel suo caso, tuttavia, non si può propriamente parlare di disgusto. Si prenda in esame l'opera che cita la Korsmeyer, *Host* (2000) (fig.10), o si pensi a *Shift* (1996-97) (fig.11): qui la femminilità viene esposta e disposta come carne da macello, rendendo indecifrabile la differenza tra i corpi di animali a testa in giù in una macelleria con quelli di queste donne che mostrano i propri difetti. Ciò che in questo caso colpisce è che questi corpi normalmente considerati repellenti sono in grado di accendere in qualche modo la libido del visitatore, ma al contempo generano un moto repulsivo. Tuttavia le pose delle donne, il modo in cui mettono in mostra la propria femminilità e le deformità che la inibiscono, assicurano un effetto magnetico e una fruizione al limite tra libido e repulsione.

Questi due esempi sono sufficienti per soffermarsi su quello che la fruizione di queste opere comporta. Si è notato che sia nel caso di Greenaway che in quello della Saville, la violenza delle immagini rende la fruizione meno fluida ma si assicura un effetto magnetico che è amplificato dall'elemento disgustante. La Seville, così come Greenaway, mettono in mostra due porzioni di realtà: Greenaway dispone in egual misura abuso, disgusto e violenza inserendoli in una situazione allucinatoria, la Saville denuncia l'imperfezione fisica esasperandola fino a renderla pervasiva. Il fruitore non riesce a distogliere lo sguardo, che lo voglia o meno. Qui il paradosso di avversione assume pieno compimento.

3.2. *Il* **Sublate**

Korsmeyer riporta degli esempi di opere considerate almeno in parte disgustose e così facendo esemplifica la possibilità di fruire e godere del disgusto, ma si spinge un passo oltre. Attualmente le risposte corporee e viscerali causate dall'arte sono considerate più che legittime, quando non volutamente cercate. I parametri di giudizio e godibilità sono profondamente cambiati, ma molti dei vecchi retaggi continuano a esercitare una fortissima influenza sui giudizi che vengono formulati in questo tempo. C'è solo sterilità nel continuare a valutare l'arte di oggi con gli strumenti di ieri, come saggiamente sostiene Dorfles nel testo *Le oscillazioni del gusto*[163].

---

[163] Cfr. G. Dorfles, *Le oscillazioni del gusto. L'arte d'oggi tra tecnocrazia e consumismo*, Einaudi, Torino 1970.

La teoria esposta da Korsmeyer in *Savoring Disgust* verte sulla sublimazione del disgusto, inteso come processo che, da emozione le cui basi sono negative, viene trasposto a importante esperienza estetica positiva. Basandosi, fra le altre, sulle teorie di Kolnai e Menninghaus, l'autrice conia un nuovo termine che andrà a sostituire quello di mero disgusto: *"sublate"*[164]. La filosofa introduce il concetto di sublate basandosi sul sublime burkiano. Burke concepiva il terrore, come la più inafferrabile tra le esperienze estetiche, nonché la più potente. Piacere e dolore si sovrappongono, e il dolore, o meglio un'emozione negativa, diventa fonte di diletto, assumendo le forme di un'esperienza estetica determinante. Il negativo diventa così base e fonte di piacere[165]. Con il *sublate* Korsmeyer arriva all'apice della sua trattazione, al punto ultimo. Il termine è di derivazione scientifica e trova la sua radice in ambito chimico poiché indica il cambiamento di stato da gassoso a solido (in inglese *"sublation"*). Durante l'esperienza estetica le emozioni negative, tra cui il disgusto, cambiano forma e lasciano dietro di sé un'esperienza positiva, spesso catartica. Il sublime e il *sublate* operano in modo diverso rispetto alle altre esperienze estetiche proprio per le avversioni che vi si trovano alla base e che non vengono però vissute come tali. Come scrive la Korsmeyer, «proprio come l'esperienza del sublime è paragonata a un'elevazione ed espansione dello spirito, liberato dal peso terreno, così il *sublate* indica un'intuizione estetica in una riposta viscerale, corporea»[166]. Il disgusto è un'emozione estrema che rivela intuizione estreme, esattamente come accade nel sublime. La Korsmeyer aggiunge:

La Paura e il disgusto producono intuizioni affini, complementari. Il loro apporto generale, tuttavia, è raramente rivelatore. Sappiamo già per esempio che siamo mortali, che le generazioni passano, che le civiltà finiscono. Ma di regola sappiamo queste cose solo in astratto, e quando indicate con delle parafrasi queste intuizioni di solito si appiattiscono nella banalità. Tuttavia, è la natura degli incontri estetici a renderle singolari: portiamo a casa verità scontate in modo particolarmente vivido, approfondendole più di quanto non faremmo semplicemente apprendendole[167].

---

[164] Cfr. C. Korsmeyer, *Savoring Disgust*, cit., p. 119 nota 52.

[165] Cfr. Ead., *Savoring Disgust*, cit. p. 120.

[166] Ead., *Fear and Disgust*, cit., p. 368.

[167] Ead., *Savoring disgust*, cit., p. 121.

Il *sublate* è uno stato emotivo differente dal disgusto: è un'emozione con una qualità estetica significativa e un valore a sé di cui è importante non perdere la risposta somatica perché farlo ne sminuirebbe il significato. Per rendere più concreto il concetto è sufficiente sostituire il termine *sublate* a quello di disgusto e tornare ad alcuni degli esempi citati poc'anzi e lungo la trattazione. Scrive l'autrice:

> Not all instances of fear give rise to the sublime, of course; and certainly not all instances of disgust yield the sublate. The sublime and the sublate operate differently from other aesthetic emotions, for the aversions at the basis of those aesthetic modes are not experienced as such[168].

Un ulteriore esempio letterario menzionato dalla Korsmeyer è tratto dal Decameron di Boccaccio, non troppo dissimile dalla pellicola di Greenaway. Il racconto, celeberrimo, è quello di Guglielmo Guardastagno (il trovatore Guillem de Cabestany) e ha per protagonisti due nobili amici. Uno di questi intreccia una relazione clandestina con la moglie dell'altro. Il marito scopre l'imbroglio, fa uccidere l'amante della moglie e a cena le serve in pasto il cuore dell'uomo senza rivelarne la provenienza. Una volta ingerito la donna scopre di aver appena triturato il cuore dell'amato. Non sopporta il disgusto e preferisce togliersi la vita[169].

Benché possa essere dubbio che qui si tratti di disgusto, e non piuttosto di sommo dispiacere e umiliazione, secondo quanto affermato da Korsmeyer è invece chiaro che il disgusto ha qui la valenza di sottolineare il gesto della donna: l'incapacità di tollerare un dolore così truce è reso comprensibile. Esso in questo caso ha un valore fondamentale per la comprensione della reazione della donna: lo spasmo somatico del lettore si avvicina in qualche modo a quello della protagonista della vicenda, facendo sì che si partecipi

---

[168] Ead., *Fear and Disgust*, cit., p. 372: «Non tutti i casi di paura danno origine al sublime, naturalmente; e certamente non tutti i casi di disgusto danno vita al *sublate*. Il sublime e il *sublate* operano in modo diverso dalle altre emozioni estetiche, poiché le repulsioni alla base di quelle modalità estetiche non sono vissute come tali» (tr. it. mia).

[169] Cfr. G. Boccaccio, *Decameron*, in *Tutte le opere*, a cura di V. Branca, Mondadori, Milano 1976, Quarta giornata, novella nona, ed. digitale nel portale *Biblioteca italiana* dell'Università "La Sapienza" di Roma, http://www.bibliotecaitaliana.it/testo/bibit000267 (consultata il 12/04/2019) (cit. in C. Korsmeyer, *Savoring Disgust*, cit., p. 130).

empaticamente al suo dolore e in qualche modo se ne condivida la scelta. Come ha scritto la Korsmeyer, «ciò che viene convertito non è l'emozione in sé ma la sua valenza; l'intuizione che essa offre per mezzo del suo carattere artistico è centrale per il valore e il messaggio che vuole consegnare»[170].

3.3. *Le critiche mosse alla teoria della Korsmeyer*

La tesi della Korsmeyer, per quanto fondamentale nel contesto degli studi sul disgusto estetico, non è inattaccabile. Per esempio, Fabrizio Desideri offre ulteriori spunti per una per una più completa visione della tesi sull'emozione della Korsmeyer, mentre Filippo Contesi attacca espressamente la filosofa. Desideri, nel saggio intitolato *Sulla forma differenziale delle emozioni*, traccia una distinzione chiara tra emozione e sentimento in ambito estetico[171]. Desideri non entra in aperto contrasto con le teorie di Korsmeyer né vi è lontanamente collegato, tuttavia offre un virtuale apporto utile a una maggiore comprensione. Si è visto che in *Savoring Disgust*, e in generale nel processo di riabilitazione del disgusto come sentimento estetico volto in positivo, la concezione di emozione e cognizione si rivelano fondanti. Per questo è utile vedere il punto di vista di Desideri. L'estetologo italiano si concentra su due punti: le emozioni non sono intenzioni, né intenzionali: l'emozione è qualcosa che accade. Le emozioni non rappresentano necessariamente delle cognizioni: insistere sul valore cognitivo delle emozioni significa ridurle a qualcosa che nella loro complessità non rappresentano[172]. Inoltre le emozioni non possono essere identificate con i sentimenti, e in questo risiede il nodo focale del discorso. Un sentimento è costituito da eventi emozionali analoghi che vanno stabilizzandosi, quasi creando uno strato e mettendo radici, ed è in questo passaggio che può verificarsi la «possibilità dell'estetico»[173]. Sottolinea Desideri:

---

[170] C. Korsmeyer, *Savoring Disgust*, cit., p. 125.

[171] Cfr. F. Desideri, *Sulla forma differenziale delle emozioni*, in L. Russo, S. Tedesco (a cura di), *Sull'emozione,* «Aesthetica Preprint: Supplementa», n. 29, 2013, pp. 79-89.

[172] Cfr. ivi, pp. 78-80.

[173] Ivi., p 80.

Nell'emergenza di un'attitudine estetica e nel suo ricorrente, conseguente distribuito esercizio, l'emozione (l'impatto emozionale) gioca indubbiamente un ruolo decisivo e per così dire strutturale. Ciò che varia è, semmai, il suo peso e lo spettro della sua azione. Ad esempio, col passare da una maggiore ampiezza e pervasività iniziali, rispetto ad aspetti ed elementi di natura cognitiva e riflessiva (così accade nei primi mesi di vita del bambino), ad una sua intelligente e progressiva decantazione. Nell'esperienza estetica, insomma, il tenore emozionale è filtrato e modulato. Esso costituisce soltanto un elemento o fattore di una sintesi densa, dove si compensano o contrastano fattori disposizionali e fattori per così dire ambientali (convenzioni ereditate, preferenze consolidate, schemi culturali). Senza però che il valore dell'iniziale insorgenza emozionale possa estinguersi[174].

Desideri contesta innanzitutto il fatto che le emozioni debbano in modo spontaneo diventare sentimenti o contribuire alla loro formazione. Inoltre esprime il proprio dissenso per la tesi cosiddetta "locazionista", ovvero la comune credenza che certe emozioni abbiano origine in un preciso punto del cervello. Secondo il locazionismo il disgusto ha appunto origine nell'insula[175]. A questo proposito Desideri propone invece la tesi "costruzionista", ovvero il pensare le emozioni come qualcosa che integra «informazioni sensoriali, tracce mnesiche, micro-comportamenti, routine gestuali, aspettative»[176]. Questo dimostra che non è ancora chiaro come funzioni il cervello e che relazione esatta intercorra tra le emozioni e l'esperienza estetica; sembra tuttavia evidente che per gli uni o per gli altri l'aspetto emotivo e reattivo costituisca una parte fondamentale dell'atto esperienziale.

Filippo Contesi invece si esprime apertamente contro le tesi della Korsmeyer, partendo da presupposti non dissimili ma gettando luce su alcuni aspetti contraddittori delle teorie della studiosa. Nell'articolo *Korsmeyer on Fiction and Disgust*[177], Contesi esprime apertamente il proprio dissenso per le soluzioni trovate dalla teorica per giustificare l'impiego del disgusto, a partire dal modo in cui il

---

[174] *Ibid.*

[175] Cfr. *ibid.*

[176] Ivi., p. 81.

[177] Cfr. F. Contesi, *Korsmeyer on Fiction and Disgust*, in «British Journal of Aesthetics», 55, n. 1, 2015, pp. 109-116, reperibile al link http://dx.doi.org/10.1093/aesthj/ayu014 (visitato in data 12/03/2019).

paradosso di finzione viene trattato in *Savoring Disgust*. Il paradosso di finzione, dacché è stato menzionato in relazione al paradosso della tragedia, conosce notevole fortuna in ambito estetologico e molte son state le speculazioni a riguardo. Ricordiamo che la Korsmeyer sostiene che il fruitore prenda attivamente parte a un'opera di finzione nonostante sia consapevole che si tratti di un inganno, rifacendosi, secondo Contesi, in maniera erronea al testo di Noël Carroll. Questo accade sia nel caso in cui l'opera susciti emozioni negative, sia nel caso in cui susciti emozioni positive. Il disgusto rappresenta in questo senso un'anomalia poiché la sua peculiare trasparenza non sempre permette di effettuare un distinguo tra realtà e rappresentazione a causa delle risposte viscerali che provoca. Per giungere a questa conclusione la Korsmeyer non si discosta di troppo dalle tesi a cui lei stessa vuole trovare soluzione, ovvero quelle di Mendelssohn e Lessing (l'*Illusiontheorie* di Mendelssohn, per esempio). La studiosa dà per scontato che disgusto e trasparenza siano un binomio. Contesi sostiene che il primo errore consista nell'equivalente impiego dei termini "imitazione" e "rappresentazione": «First, the thesis can either be about representations or imitations. Korsmeyer is not consistent in her terminology, talking sometimes of one, at other times of the other»[178]. Se disgusto e trasparenza sono sinonimi, come può il soggetto che non è perfetta e naturalistica imitazione del reale suscitare disgusto? Ad esempio, prosegue Contesi, *Guernica* di Picasso rappresenta un soggetto potenzialmente disgustoso ma non viene rappresentato in modo naturalistico. Quindi, in accordo con Contesi, la visione della Korsmeyer, se applicata a opere la cui natura non è perfettamente imitativa, non ha alcun valore[179].

Di fronte a un oggetto reale e di fronte a uno fittizio non si attivano gli stessi meccanismi sensoriali. Allo stesso modo, Contesi contesta che l'emozione del disgusto, o meglio le emozioni in generale, siano di carattere intenzionale. Non basta riprodurre un oggetto, o una situazione, che nella realtà provocherebbe disgusto perché questo non basta a renderla disgustosa.

Inoltre, relativamente al paradosso di finzione, Contesi nota che la filosofa salta a piè pari la questione i cui interrogativi hanno acceso

---

[178] F. Contesi, *Korsmeyer on Fiction and Disgust*, cit., p. 110.

[179] Cfr. ivi, pp. 110-111.

molti dibattiti nell'estetica contemporanea. Nonostante, infatti, faccia riferimento alla salda teoria di Noël Carroll, cade nel suo stesso tranello per poi risolverlo sostenendo che la trasparenza del disgusto fa sì che il problema del paradosso di finzione non si ponga. Si ricorda qui che il paradosso di finzione presuppone il credere a ciò che si sa essere fittizio e sperimentare, nonostante questa consapevolezza, delle emozioni reali a riguardo. La Korsmeyer, secondo Contesi, tralascia totalmente uno dei più grandi problemi sollevati dall'estetica moderna e contemporanea.

First, the thesis can either be about representations or imitations. Korsmeyer is not consistent in her terminology, talking sometimes of one, at other times of the other. However, the difference between the two is far from irrelevant. Representations of the disgusting need not be disgusting if the subject is not represented naturalistically (or "imitated")[180].

Ancora, sostanze che molti sarebbero disgustati alla prospettiva di mangiare (insetti o feci) sono disgustose in virtù di ciò che sono, piuttosto che delle loro proprietà sensoriali. Molti di noi non hanno mai assaggiato in realtà insetti o feci. E alcuni infatti arrivano ad amare gli insetti quando li assaggiano, riuscendo a superare il disgusto iniziale.

The sensory features of an object are thus, typically, not sufficient to elicit disgust; and it is ideational considerations that have a primary role in disgust elicitation. The same sensory qualities elicit different emotional responses depending on their interpretation. Contra Korsmeyer, disgust elicitation is fundamentally ideational in nature—not sensory[181].

Contesi spiega che l'errore giace anche sulla convinzione che le sensazioni che proviamo in natura di fronte a un oggetto disgustoso

---

[180] Ivi, p. 110: «Innanzitutto, la tesi può riguardare le rappresentazioni o le imitazioni. Korsmeyer non è coerente nella sua terminologia: parla a volte delle une, altre volte delle altre. Tuttavia, la differenza tra le due è tutt'altro che irrilevante. Non c'è bisogno che le rappresentazioni del disgustoso siano disgustose se il soggetto non è rappresentato in modo naturalistico (o "riprodotto mimeticamente")» (tr. it. mia).

[181] Ivi, p. 114: «Le caratteristiche sensoriali di un oggetto non sono quindi sufficienti a suscitare disgusto e sono le considerazioni che hanno a che fare con le idee ad avere un ruolo primario quando si suscita il disgusto. Le stesse qualità sensoriali suscitano diverse risposte emotive a seconda della loro interpretazione. Quindi, contro la tesi della Korsmeyer, la capacità di suscitare il disgusto è fondamentalmente legata, nella sua natura, alle idee, e non ai sensi» (tr. it. mia).

siano di fondo sensoriali; in realtà la sperimentazione empirica delle tesi di Rozin e Fallon a opera di Rachel Hertz dimostrano il contrario: gli elicitori di disgusto, anche sperimentati in un contesto naturale, sono di origine ideale piuttosto che sensoriale. In altre parole avviene una proiezione. Se per la Korsmeyer il disgusto può essere suscitato, attraverso lo *startle reflex*, anche senza la sua visione ideativa, è vero che talvolta può accadere che l'elicitore di disgusto non dipenda da una proiezione. Inoltre l'apprezzamento estetico richiede una sosta più o meno lunga di fronte all'opera piuttosto che una reazione immediata e istintiva che non concede il tempo di una riflessione sull'oggetto. In conclusione Contesi non esclude che la trasparenza del disgusto possa essere una soluzione al paradosso di finzione; tuttavia dichiara le tesi che hanno portato la Korsmeyer a questa conclusione piuttosto superficiali ed erronee[182].

Si è qui dell'avviso che Contesi è a sua volta sensibile ad alcune critiche. Si è infatti notato che nel muovere delle critiche alla Korsmeyer potrebbero esserci degli errori interpretativi o delle leggerezze. È sicuramente vero che l'autrice di *Savoring Disgust* affronta il tema del paradosso del disgusto in modo piuttosto approssimativo, incorrendo più volte in paradossi concettuali con il solo scopo di giustificare la valenza positiva del disgusto. Altrettanto vero è che Korsmeyer parla di emozione intenzionale, ma riconduce l'emozione del disgusto a tutto ciò che mostra, in modo reale o fittizio, un collegamento con la morte. Nel farlo riadatta l'analisi fenomenologica di Kolnai come strumento di lettura dell'arte, focalizzandosi con particolare enfasi sul timore della contaminazione e sull'idea di ingestione. La sensazione è che la critica mossa da Contesi sia da riferire anche alla teoria di *Der Ekel*, in cui Kolnai fa chiaro riferimento al *Dasein* e al modo in cui quindi l'oggetto si manifesta al mondo, e alla sua intima essenza ovvero al *Sosein*. Ciò che chiunque vede nell'oggetto di disgusto, che sia esso

---

[182] Cfr. *ibid.* Cfr. A questo proposito anche Wiesing, *Il me della percezione. Un'autopsia*, a cura di T. Griffero, Marinotti, 2014, cit. p. 165. Wiesing tratta nel suo testo l'impossibilità della cessazione percettiva, viene in questo caso menzionato per l'obbligo percettivo che comporta in contesto artistico la "condanna a essere spettatori".

rappresentato o reale, è «uno specchio deformante»[183] in cui si riflette quello che l'essere umano è: carne destinata alla putrefazione.

Filippo Contesi dedica un secondo saggio alla critica della Korsmeyer, intitolato *The Meaning of Disgusting Art*[184]. Qui si dedica all'argomento con poche osservazioni sul paradosso del disgusto, sostenendo che è piuttosto esplicito il fatto che si riesca a godere del disgusto ma che la vera domanda sta appunto nel come e nel perché questo accade. Contesi sembra inserirsi nel flusso teorico che vede una rivalutazione del disgusto in ambito estetico, partendo come detto poc'anzi, dal presupposto che ormai il disgusto è parte del contesto visuale del nostro secolo. Come dice Jean Clair in *De Immundo*, «L'era del disgusto ha sostituito quella del gusto»[185]. Tra i pochi teorici ad essersi occupati del tema sappiamo bene esserci la Korsmeyer, ma prima di focalizzarsi su di lei Contesi apre con il contestare il forzato collegamento tra morte e disgusto[186].

Contesi segnala innanzitutto una significativa vicinanza tra le posizioni dei filosofi settecenteschi e quella della Korsmeyer, il cui obiettivo è quello di verificare il coinvolgimento del disgusto in un'esperienza esteticamente piacevole. È noto che per l'estetica illuminista piacere ed esperienza estetica positiva rappresentano un binomio inscindibile, mentre dal punto di vista della filosofa statunitense questo è possibile anche per il disgusto poiché offre delle ricompense cognitive che fanno sì che l'emozione del disgusto sia apprezzabile.

Passando per i comuni elicitori di disgusto, Filippo Contesi ritiene che il collegamento morte-putrefazione-immedesimazione con la putrefazione-disgusto sia piuttosto forzato: non tutto ciò che è disgustoso è nocivo per la salute, non tutto ciò che è disgustoso è da ricondurre alla marcescenza. Al contempo non tutto ciò che disgusta è da collegare alla feralità che risiede nell'uomo. Si esprime anche

---

[183] Cfr. A. Kolnai, *Il Disgusto*, cit. p. 95.

[184] F. Contesi, *The Meanings of Disgusting Art*, in «Essays in Philosophy», 17, n. 1, 2016, pp. 68-94, reperibile al link http://dx.doi.org/10.7710/1526-0569.1544 (consultato in data 16/4/2019).

[185] J. Clair, *De Immundo* (2004), tr. it. di P. Pagliano, Abscondita, Milano 2005, p. 34.

[186] F. Contesi, Op. Cit., pp. 71- 74.

contro la tesi di Colin McGinn, il quale riconduce anch'egli ogni motivo di disgusto al fatto che «ci ricorda la vita e la morte applicati a un essere cosciente»[187]. Questo discorso inizia, a detta di Contesi, a sembrare piuttosto forzato:

> Metaphors and figures of speech can pretty much connect anything with anything else. The issue however remains the plausibility of such a connection as a reason for disgust[188].

> Against William Ian Miller's suggestion that what really disgusts is the life soup, or 'the capacity for life', McGinn himself correctly suggests the following: "what makes certain life processes disgusting and others not? We need an independent criterion of the disgusting to answer that question, since the concept of life itself is too broad to capture the range of objects that disgust us. Talk of soup [...] is all well and good, but these are metaphors, in need of literal interpretation." Well said—and McGinn's own account is vulnerable to this very same criticism.[189].

L'unico modo di caratterizzare un oggetto formale di disgusto è riferirsi alla propria soggettività e alla propria esperienza in tal senso, esattamente come accade per la paura. Ci sono elementi che risultano potenzialmente disgustosi a prescindere perché associati al contagio di una patologia, ad esempio, ma sarebbe riduttivo intendere ognuno di questi intrinsecamente collegato al concetto di morte e al suo rapporto con la vita in dissolvimento. Se Korsmeyer non avesse inteso in modo più o meno esplicito il valore intrinseco del disgusto, ma avesse basato le sue teorie sul valore estrinseco e quindi

---

[187] Cfr. C. McGinn, *The Meaning of Disgust*, Oxford University Press, New York 2011, p. 86. "Metafore e figure retoriche possono sostanzialmente connettere qualsiasi cosa con qualsiasi altra cosa. Il problema tuttavia rimane la plausibilità di una tale connessione come motivo di disgusto" (tr. It. mia)

[188] F. Contesi, *The Meaning of Disgusting Art*, cit., p. 78. "Contro il suggerimento di William Ian Miller che ciò che realmente disgusta sia il brodo di vita o "la capacità di vita", McGinn stesso suggerisce correttamente quanto segue: "Cosa rende disgustosi certi processi vitali e altri no? Abbiamo bisogno di un criterio indipendente del disgustoso per rispondere a questa domanda, dal momento che il concetto stesso di vita è troppo ampio per catturare la gamma di oggetti che ci disgustano. Parlare di zuppa [...] va benissimo, ma queste sono metafore, bisognose di interpretazione letterale". Ben detto, e il punto di vista di McGinn è vulnerabile a questa stessa critica" (tr. it. mia).

[189] Ivi, p. 79.

fortemente relazionale dello stesso, l'intero impianto di *Savoring Disgust* avrebbe nettamente avuto più senso, secondo il parere di Contesi.

Il disgusto non ha, quindi, un oggetto formale, e qualora lo avesse non avrebbe accesso così immediato alla coscienza così come non sarebbe tempestivamente godibile nel comportamento estetico. In linea generale Contesi individua due principali modalità nel tentativo di formulare l'oggetto formale del disgusto: la formazione circolare (ovvero disgustosità e proprietà concettualmente correlate, lo stesso sostenuto da Korsmeyer) oppure i fattori determinanti coscienti (un buon esempio è il disgusto inserito in un disegno evolutivo)[190].

Contesi non offre soluzioni alternative, ma si limita in questo caso a ribadire la mancanza di un oggetto formale di disgusto per impiegare lo stesso concetto in una non troppo puntuale decostruzione della tesi di Korsmeyer. Ma se la tesi argomentata dalla Korsmeyer non è valida a giustificare il ruolo del disgusto nell'apprezzamento estetico, quale strada sarebbe opportuno seguire?

Dopo aver attentamente e più volte consultato *Savoring Disgust* ed essermi virtualmente confrontata con la visione di Contesi, mi sento di esprimere un personale punto di vista. Filippo Contesi nota, acutamente, alcuni dei paradossi della teoria della filosofa statunitense, ma incorre nell'enorme limite di non poter sostenere qualcosa di concreto per andarle contro. Inoltre in più punti è a sua volta approssimativo, in particolare per quanto concerne la lunga parte in cui si parla del valore estrinseco del disgusto. Korsmeyer, nell'articolo *Disgust and Aesthetics*, afferma molto chiaramente che la mortalità non è l'unico elicitore di disgusto, sebbene, nel farlo, ammetta che *spesso* sia così. Scrive lei stessa:

> Sebbene io ritenga che gli usi più profondi del disgusto facciano pensare alla mortalità, *sarebbe esagerato affermare che questa è l'unico significato del disgusto estetico*, e la commedia rappresenta un'importante variazione sul tema[191].

La commedia è importante da tenere a mente, in quanto rappresenta un fenomeno al confine del significato centrale che attribuisco al disgusto,

---

[190] Cfr. ivi, pp. 83-84.

[191] C. Korsmeyer, *Disgust and Aesthetic*, cit., p. 758 (tr. it. mia ed enfasi in corsivo mia).

vale a dire che è un'emozione che registra vulnerabilità e mortalità[192].

Contesi, nonostante le aspre critiche mosse ai teorici di cui sopra, non offre appunto alcuna alternativa ma si offre di lasciare aperti dei quesiti che, a suo dire, potrebbero rappresentare l'oggetto dei futuri campi di ricerca[193]. Uno di questi vorrebbe vedere il ruolo dell'arte in quello che è chiamato disgusto morale. Ancora: sarebbe interessante capire in quali tonalità espressive e linguistiche impieghiamo il termine: perché si utilizza quando non si ha nessuna intenzione di avere un contatto sessuale con qualcuno in particolare? E come mai il disgusto viene considerato un'emozione particolarmente importante in contesto morale? Dipende forse dalle risposte corporee che causa? Con questi interrogativi, e con l'auspicio che qualcuno vi si dedichi in futuro, Contesi chiude il proprio articolo.

---

[192] *Ibid.*

[193] Cfr. F. Contesi, *The Meaning of Disgusting Art*, cit., p. 86.

CAPITOLO III. Limite e rappresentazione

1.1. La facoltà distintiva del disgusto

Bourdieu ne *La distinzione*, testo del 1979, individua il gusto come fattore distintivo all'interno della società. In questo libro, il filosofo francese conduce un'aspra critica nei confronti del sistema sociale del gusto, menzionando il fatto che «i gusti si affermano in forma negativa»[194]. Egli si sofferma su quella che chiama *estetica popolare*, legata all'empirico, all'immediato e ai suoi attributi sessuali, e contrapposta all'estetica più marcatamente filosofica, contemplativa e trascendentale, nella quale per lo studioso francese ha avuto un ruolo di primo piano la teorizzazione kantiana. All'interno dell'estetica popolare, il gusto rappresenta un potere simbolico che nel quotidiano determina chi è dominato e chi dominante. Non è qui fondamentale entrare in merito alla teoria del gusto di Bourdieu. È piuttosto da tenere a mente che il disgusto stesso, e le sue manifestazioni in termini di esperienza estetica, sono un potentissimo strumento di distinzione sociale:

> Il senso della distinzione [...] suscita un orrore viscerale e mortifero, un disgusto assoluto, un furore metafisico per tutto ciò che si situa nel terreno bastardo di cui parla Platone; per tutto ciò che oltrepassa la comprensione, cioè le classificazioni incorporate; per tutto ciò che mettendo in discussione i principi dell'ordine sociale fatto corpo [...] costituisce un attentato contro l'ordine mentale, una sorta di sfida contro il senso comune, uno scandalo[195].

La teoria di Julia Kristeva, ad esempio, pone l'accento sui risvolti sociologici di questa emozione, conducendo un puntuale studio sul disgusto come strumento emarginante e sulle ripercussioni in termini sociali causate dal suo utilizzo[196]. Già l'analisi fenomenologica di Kolnai descrive la facoltà distintiva del disgusto, sebbene indirizzata alla spontanea scala gerarchica che separa gli esseri umani dagli animali, in particolare da quelli più infimi. Un ribrezzo, in altre parole, necessario per distinguere l'essere umano dalla bestia,

---

[194] P. Bourdieu, *La distinzione. Critica sociale del gusto* (1979), tr. it. di G. Viale, Il Mulino, Bologna 1983, p. 56.

[195] Ivi, p. 467.

[196] Cfr. J. Kristeva, *Poteri dell'orrore. Saggio sull'abiezione* (1980), tr. it. di A. Scalco, Spirali, Milano 1981.

soprattutto dalla massa informe e brulicante dei vermi. Un disgusto che si rende limite necessario. Il ribrezzo e la fase repulsiva del disgusto hanno la precisa funzione di tutelare il soggetto disgustato dal potenziale contaminante dell'oggetto, assurgendo così al ruolo di barriera che protegge l'integrità del singolo o del gruppo sociale cui appartiene. L'integrità è costituita da barriere e limiti non oltrepassabili.

La componente somatica del disgusto e il forte impulso a prendere le distanze dall'oggetto disgustante rappresentano la maggiore prova del fatto che il disgusto è considerato un limite sotto molteplici aspetti. Si prende qui di esempio il risultato di uno studio di biologia del comportamento, portato avanti da Francesco Mancini e Andrea Gragnani, poiché particolarmente idoneo alla descrizione del disgusto come barriera così come nelle sue manifestazioni psico-somatiche. I due studiosi indagano il disgusto nelle sue diverse declinazioni nel suo spontaneo estendersi sugli aspetti sociali dello stesso, soprattutto in funzione di barriera[197]. Essi basano i propri studi su quelli condotti da Darwin, Duncan ed Ekman, i quali avevano definito il disgusto un'emozione basica le cui caratteristiche morfologiche sono inequivocabili. Mancini e Gragnani così lo determinano:

> Il disgusto presenta uno specifico pattern comportamentale che dispone il soggetto ad agire in un modo appropriato e specifico: allontanare da sé la sostanza disgustosa; una caratteristica manifestazione fisiologica che comprende la nausea, un incremento della risposta psico-galvanica, bradicardia e salivazione; e un feeling altrettanto caratteristico: la repulsione[198].

I risultati dei sopraccitati studi di psichiatria e biologia del comportamento (2003) evidenziano il forte accento somatico che il disgusto provoca nel soggetto che lo sta esperendo. Il soggetto si sente minacciato, teme avvenga una sorta di contaminazione poiché sembra non esista distanza alcuna con l'oggetto di disgusto. Se il disgusto supera il confine del sé corporeo subentra la ripugnanza e l'istintivo allontanamento. Persino in quest'ottica il disgusto funge anche da sorvegliante, da limite, da difensore e questa stessa

---

[197] Cfr. F. Mancini, A. Gragnani, *Disgusto, contagio e cognizione*, in «Psichiatria e Psicoterapia Analitica», 22, n. 1, 2003, pp. 38-47: 41.
[198] *Ibid.*

funzione d'allarme si verifica anche e soprattutto in situazioni socialmente ritenute immorali e quindi riprovevoli. L'integrità, la dignità e la percezione del sé, o l'appartenenza a un gruppo culturale, chiedono di essere difesi. In sostanza il disgusto si è evoluto per preservare l'adattamento dell'uomo civilizzato alla cultura di appartenenza, facendo quindi sì che questa stessa emozione fosse finalizzata alla trasmissione di valori culturali, sociali e morali. Gli studiosi sostengono che il contatto con una sostanza disgustosa mini il senso della propria dignità e possa persino, in casi estremi, mettere a rischio l'appartenenza al gruppo di cui si è parte (umanità). A riprova di questa teoria viene riportato l'interessante esempio dei detenuti nei campi di prigionia in epoca nazista: i resoconti dei sopravvissuti raccontano cosa accade se la difesa del sé corporeo viene meno.

La mancanza di servizi igienici, spesso anche dell'acqua, rendeva impossibile lavarsi e mantenersi puliti con il risultato che i prigionieri tendevano a percepirsi come animali e anche le guardie e i compagni li consideravano allo stesso modo. Le guardie maltrattavano e uccidevano più facilmente i prigionieri più sporchi e quelli che si erano lasciati andare maggiormente alla contaminazione degli escrementi, e questi stessi prigionieri erano più rassegnati e resistevano meno agli attacchi delle guardie. Al contrario, quelli che cercavano di mantenere la propria dignità umana impegnandosi in rituali di lavaggio, magari con acqua anche fangosa, tendevano a sopravvivere[199].

Il disprezzo (termine che in questo frangente sottolinea una particolare accezione del disgusto morale) verso di sé comporta una reazione a catena: il processo contaminante si estende a ogni ambito, estetico, sociale, culturale e relazionale, portando l'individuo a cospargere sé stesso di tutti quegli elementi considerati disgustanti e che ne faranno, quindi, oggetto di discriminazione.

Kant esprime un concetto non dissimile quando negli scritti di Antropologia afferma che il disgusto, e in particolare la nausea come sua estrema manifestazione, è stata data all'uomo come strumento per poter difendere la propria vita. Scrive Kant:

Siccome c'è anche un godimento spirituale, consistente nella comunicazione dei pensieri, e l'animo è contrariato se questa comunicazione ci è imposta senza un reale nutrimento per noi (per esempio, la ripetizione di battute che pretendono di essere ancora spiritose

---

[199] *Ibid.*

e piacevoli, mentre il loro avvizzimento le rende insopportabili), allora si chiama, per analogia, disgusto anche l'istinto naturale a liberarsene, benché, in questo caso, si tratti del senso interno[200].

In anni vicini, anche Colin McGinn ha illustrato nel suo testo *The Meaning of Disgust* il ruolo che il disgusto ricopre nel fenomeno sociale[201]. Nell'ultimo capitolo del testo, *Culture and Disgust*, viene meglio esplicitata la natura paradossale dell'essere umano[202]: l'uomo è un essere sociale ed è spinto per indole a far parte di un gruppo, d'altro canto ne rifiuta l'appartenenza e lo disgusta l'eccessiva vicinanza con i suoi simili. Il disgusto è frutto di un retaggio culturale profondamente radicato la cui espressione somatica non lascia spazio a dubbi di sorta. La società è fondata sul criterio di esclusione, ovvero sul disgusto[203], e sulla capacità di tutelare la propria identità sociale: si serve del gusto e dell'estetica per consolidare le proprie basi.

Miller sostiene e rafforza ulteriormente questa posizione quando in *Anatomia del disgusto* considera il disgusto come potente mezzo di trasmissione di valori culturali e sociali, elemento utile a comprendere quanto questo sia importante anche in ambito estetico[204]. Per esemplificare la forza con la quale il disgusto funge da barriera sociale, Miller si serve di un'opera di Orwell, *The Road to Wigan Pier*. Di seguito un brevissimo passo dell'opera preso come esempio da Miller:

> Il vero segreto delle distinzioni di classe in Occidente, la vera ragione per cui un europeo di origini ed educazione borghese anche quando si definisce comunista, non può pensare se non con un profondo sforzo a un operaio come a un suo pari. Si riassume in quattro tremende parole che la gente oggi dice con cautela, di rado, ma che durante la mia infanzia si udivano con grande frequenza: La gente bassa puzza[205].

---

[200] I. Kant, *Antropologia dal punto di vista pragmatico* (1798), in *Scritti morali*, tr. it. e cura di P. Chiodi, Utet, Torino 1970, pp. 535-757: 578 (tr. modificata: Chiodi traduceva "*Ekel*" in questo contesto con "nausea").

[201] Cfr. C. McGinn, *The Meaning of Disgust*, cit., pp. 12-16.

[202] Cfr. ivi, pp. 183-220.

[203] Cfr. *ibid*.

[204] Cfr. W. I. Miller, *Anatomia del disgusto*, cit. pp. 47-48.

[205] G. Orwell, *La strada di Wigan Pier* (1937), tr. it. a cura di G. Monicelli, Mondadori, Milano 1993, p. 142 (cit. in W.I. Miller, *Anatomia del disgusto*, p. 210).

Tale è il potere del disgusto da far incorrere in ricorrenti errori di giudizio: se il suo compito iniziale è quello di portare il soggetto a disapprovare i vizi, la crudeltà, la menzogna, il servilismo etc., da un altro l'autore vede nella pervasività del giudizio una tendenziosa propensione a degradare moralmente gli oggetti che investe. È quindi vero che ciò che è considerato moralmente disgustoso investe oggetti esteticamente piacevoli, al contrario ciò che è considerato disgustoso per le sue proprietà intrinseche diverrà sintomo di disgusto morale. Il puzzo che viene attribuito a individui appartenenti a una categoria sociale considerata inferiore è prima di tutto sintomatico. I soggetti investiti vengono stigmatizzati. Non sempre il disgusto attribuito al dato oggetto, o meglio soggetto in questo caso, è concretamente esperibile: spesso è una proiezione condizionata da schemi mentali. Miller stesso scrive:

> Che si sia più o meno moralisti, siamo soliti esprimere molti dei nostri giudizi morali con il linguaggio del disgusto. La questione non è se il disgusto operi nella sfera morale, la questione consiste piuttosto nel verificare quale sia il suo adeguato raggio d'azione, il suo giusto oggetto, e la sua affidabilità in quella sfera[206].

Miller mette in discussione la validità del disgusto come criterio morale; le sue ragioni possono essere così riassunte: se nel disgusto è insito un profondo rifiuto per la morte, e per il "brodo della vita" che la abita, questa emozione getta l'essere umano in una condizione irrazionale. Non può quindi essere banalmente considerato un criterio razionale. Continua lo scrittore:

> Il disgusto è molto ambiguo rispetto alla vita umana. Il brodo della vita, il brodo della vita umana, si trova al centro del disgusto. E ciò rende il disgusto ineluttabilmente misantropico nella sua struttura. Il disgusto si ritrae dinanzi a ciò che siamo e a ciò che facciamo, sia volontariamente che involontariamente. L'indignazione, con tutto il suo furore vendicativo, non condanna l'umanità così irrevocabilmente[207].

Il disgusto provoca reazioni di primaria importanza, immediate e capaci di influenzare il giudizio razionale, tanto da arrivare a costituire un elemento fondante delle nostre norme giuridiche. Martha Nussbaum, portando questo aspetto della speculazione di Miller su un diverso piano, si espone con forza nel considerarlo un criterio totalmente inadatto allo stabilimento di norme giuridiche,

---

[206] W. I. Miller, *Anatomia del disgusto*, cit., p. 157.

[207] Ivi, p. 178.

inadatto almeno quanto il criterio di gusto (i due concetti potrebbero essere assimilati)[208]. La Nussbaum sostiene che il disgusto influenza le nostre scelte etico-morali in un modo così pervasivo che è necessario riuscire a prendere da esso le distanze, per garantire l'elaborazione di un sistema giuridico efficace, razionale e uguale per tutti. Considerati questi presupposti, e dato per assodato il fatto che l'arte sia specchio di queste suddivisioni sociali, è ora possibile compiere il salto successivo. Considerare l'arte un importante vettore culturale implica prestare attenzione al disgusto morale: un aspetto non ignorabile della sua trattazione in ambito estetologico. Non a caso, tanta dell'arte che si è conquistata la nomea di abbietta, o nei casi più estremi propriamente disgustosa, è considerata tale sia per il linguaggio estremo di cui fa impiego sia per i contenuti di cui spesso si occupa.

1.2. Disgusto, rappresentazione e morale

Serena Feloj, nel proporre un'accurata analisi del disgusto in Kant e Mendelssohn, riesce nell'intento di raccogliere le riflessioni relative a tale questione espresse da entrambi. Si è in questa sede preferito non approfondire eccessivamente le teorie settecentesche, sebbene non ci si potesse esimere dal menzionarle per l'estrema rilevanza che tuttora ricoprono. È infatti con queste che ci si confronta ancora oggi, come anche sottolineato da Menninghaus[209]. La definizione di gusto e l'esclusione del disgusto dalle categorie estetiche prende forma grazie a questi nomi, tra gli altri. È partendo da alcune delle nozioni settecentesche che Serena Feloj elabora un proprio pensiero, sostenendo fermamente che il disgusto si conferma a oggi come limite rappresentativo. Affrontare il concetto di limite relazionato al disgusto e alla sua rappresentazione è un'impresa importante, tanto più se per farlo si impiega lo stesso metro di giudizio in auge nell'Illuminismo. Sebbene la Feloj non si esprima sull'uso del disgusto nella nostra epoca, la sua teoria è facilmente estendibile a ogni tipo e modo rappresentativo poiché trova i suoi fondamenti nel modello illuminista.

La Feloj dedica all'argomento l'ultimo capitolo del suo testo *Estetica del disgusto*, intitolandolo appunto *Disgusto e*

---

[208] Cfr. M. Nussbaum, *Nascondere l'umanità*, cit., pp. 95-97.

[209] Cfr. W. Menninghaus, *Disgusto*, cit., pp. 18-19.

Rappresentazione, e non mancando fin da subito di chiarire il proprio intento: «La tesi che sostengo è strettamente connessa all'estetica mendelsshoniana e kantiana e intende leggere la categoria del disgusto collocando al centro la nozione di rappresentazione»[210]. In queste dense pagine viene esplicitato che il disgusto estetico e il disgusto morale meritano due diversi approcci; il primo divario tra queste due dimensioni esperienziali consiste proprio nel concetto di rappresentazione, che non coinvolge il primo tipo, bensì solo il secondo. La rappresentazione artistica incorre in un inevitabile limite quando si scontra con il disgusto, esattamente come teorizzato dai filosofi tedeschi.

In un altro saggio, *Dal gusto palatale alla morale: Il disgusto come sentimento*, Feloj cerca di tracciare i confini e le sovrapposizioni tra disgusto fisico e morale, e nel farlo riporta l'esempio classico di Filottete[211]. Qui spiega in termini più chiari la differenza tra disgusto estetico e disgusto morale, focalizzandosi sulla concezione kantiana dello stesso. La tragedia sofoclea vede Ulisse fare ritorno da Filottete, abbandonato sull'isola di Lemno a causa di un piede ferito e delle relative piaghe purulente e maleodoranti, con il solo intento di farsi consegnare le armi di Eracle. Per farlo tesse un inganno ai danni del povero Filottete, e manda Neottolemo a mettere in pratica questo inganno. Il disgusto che Ulisse aveva provato nei confronti di Filottete al momento dell'abbandono sull'isola, lo stesso che lo ha spinto a tanto, gli viene ora rivoltato contro in senso morale. Attraverso la pietà di Neottolemo, il giovane che si cura di assistere Filottete venendo meno al piano di Ulisse, lo spettatore sviluppa lo stesso disgusto nei confronti della mancanza di empatia di Ulisse. Una volta scoperto il piano di Ulisse, Filottete gli rivolge queste aspre parole:

Cervello malato, da servo, che subdolo agguato, m'hai teso la rete facendoti scudo di questo ragazzo a me sconosciuto, tanto più in alto

---

[210] S. Feloj, *Estetica del disgusto*, cit., p. 145.

[211] Cfr. Ead., *Dal gusto palatale alla morale. Il disgusto come sentimento*, in M. Mazzocut-Mis (a cura di), *Dal gusto al disgusto. L'estetica del pasto*, Raffaello Cortina, Milano 2015, pp. 127-148: 127.

di te, pari a me per altezza morale. [...] Senti, disgusto degli dèi: com'è, oggi non sono più lo "zoppo", il "marcio"?[212*]

Questa sovrapposizione tra disgusto morale e fisico caratterizza larga parte del pensiero tedesco illuminista, in particolare quello kantiano, nel quale il disgusto ha un ruolo preminente nella messa in atto della legge morale nel mondo empirico. Grazie al disgusto, alla sua dimensione fisica, l'uomo conosce e distingue ciò che è giusto da ciò che è sbagliato, alla stregua, quindi, di una forma di civilizzazione che innalza l'uomo. Restando fedele al testo kantiano Feloj si auspica l'idea di *un'estetica dei costumi*[213]. Ribadisce il concetto sostenendo:

> Il sentimento di disgusto in Kant formula un giudizio che è nella stessa misura sensibile, estetico e morale e occupa così, come il sentimento del bello, un punto strategico nel garantire l'unità del sistema kantiano[214].

In Kant, inoltre, il rigetto provocato dal disgusto sopperisce al naturale deficit che attanaglia la filosofia: si presenta infatti come strumento pratico che ha il potere di incentivare l'azione moralmente giusta. Quale migliore strumento dell'arte per incentivare e accrescere il senso morale nell'uomo? I sentimenti estetici, sostiene la Feloj in accordo col pensiero di Kant, possono allora essere considerati accostabili ai sentimenti morali poiché hanno la facoltà di spingere l'individuo incontro alla propria elevazione. Il disgusto, come il bello e il sublime, collabora per rendere chiaro ciò che è

---

[212] Sofocle, *Filottette*, vv. 1004-1044 (cit., senza indicazione della traduzione, in S. Feloj, *Dal gusto palatale alla morale*, cit., p.127). La traduzione di "disgusto" è anche qui controversa. Cfr. Filottete, in Eschilo, Sofocle, Euripide, Tutte le tragedie, a cura di A. Tonelli, Bompiani, Milano 2011, pp. 1036-1127: 1101 e 1103: «E tu che sai nutrire solo pensieri corrotti, da schiavo, come mi hai raggirato ancora una volta, come mi hai dato la caccia, facendoti schermo di questo giovane a me sconosciuto – ma degno di me, mentre tu non sei degno di lui [...] Come mai, creatura odiosissima (ἔχθιστε)* agli dei, ora per te non sono più lo zoppo che esala fetori?» *Il Lyddell Scott traduce ἔχθιστε "most hateful". Come qui dimostrato i termini che negli originali platonici e aristotelici vengono poi tradotti come disgusto, presentano diverse problematicità. Ci si auspica che futuri studi possano venire a capo del problema.

[213] Cfr. I. Kant, *Metafisica dei costumi* (1790), tr. it. di G. Vidari, Laterza, Roma-Bari 1983, pp. 259-260.

[214] S. Feloj, *Dal gusto palatale alla morale*, cit. p. 143.

contro la morale: il bello e il sublime ci innalzano, portano alla concreta comprensione degli ideali; il disgusto ci schianta contro ciò che dagli altri due è escluso e il cui contatto comporta un abbassamento, una regressione[215].

L'arte è in grado di rappresentare oggetti disgustosi ma non è in grado, o non dovrebbe esserlo, di suscitare reale disgusto, in particolare se inteso nella sua accezione più estrema. Si potrebbe di nuovo obiettare che esistono diverse sfumature del termine, e che, come sottolineato da Kolnai, non possiamo eufemisticamente considerare il disgusto un "dispiacere accresciuto"[216]. Provocare disgusto reale nel fruitore significa accettare il fatto che questi prenderà le distanze dall'opera rappresentata, e che non saranno disposti elementi atti a riequilibrare la composizione per renderla fruibile. Non è possibile una rappresentazione estetica del disgusto ma è possibile, e persino auspicabile, la rappresentazione del disgusto morale, in particolare se posta nell'ottica di un'educazione al disgusto. Il paradosso della tragedia ha posto tanti di fronte allo stesso problema. Nel caso della rappresentazione in senso morale il disgusto non solo è rappresentabile, ma è anche uno strumento di enorme valore. Nella conformazione stessa di questo "sentimento estetico"[217] risiede la risposta: è caratterizzato da un'essenza fisiologica ed è considerato uno strumento di difesa dalle forti connotazioni culturali, tanto da riuscire a segnare il processo di civilizzazione dell'individuo[218].

Quale può essere il ruolo educativo e civilizzante dell'estetica? La Feloj prende spunto da Schiller che, sebbene non abbia trattato il disgusto nella sua *Educazione estetica*, cerca di trovare un equilibrio tra natura e cultura, allo stesso modo in cui Kant negli scritti di antropologia considera la parte attuabile della morale. Questa è anche la ragione per cui è l'analisi degli scritti antropologici kantiani a fornirci, sempre restando fedeli alla teoria della Feloj, una tautologia del disgusto[219]. La Feloj riprende il carattere ambivalente del

---

[215] Cfr. ivi, pp. 142-143.

[216] A. Kolnai, *Il disgusto*, cit., p. 35.

[217] M. Tedeschini, *Il Conflitto Estetico*, cit., p. 1.

[218] Cfr. S. Freud, *Il disagio della civiltà*, cit., p. 22.

[219] Cfr. S. Feloj, *Estetica del disgusto*, cit., pp. 83-85.

disgusto fatto emergere dalla scuola psicanalitica prima e da Kolnai poi, per inoltrarsi nello studio del disgusto morale condotto dal filosofo ungherese. Ciò che colpisce è la concomitanza di effetti che il soggetto avverte sia che si trovi di fronte a un oggetto disgustante in senso prettamente empirico sia che si trovi ad assistere a un comportamento immorale. Cosa attiva la sensazione di disgusto? Un giudizio negativo di gusto compare come prima reazione, seguito immediatamente da un morboso bisogno di indugiare ancora un po' di fronte all'oggetto, prima di sentire l'impellente necessità di allontanarvisi, di prendere distanza fisica e metaforica.

Come e perché la legge morale sia fortemente influenzata dal disgusto, e accada anche il processo opposto, è stato ampiamente studiato da Martha Nussbaum. Il disgusto svolge un'importante funzione etico-cognitiva. Kolnai descrive nel penultimo capitolo gli oggetti di disgusto, includendo tra questi anche quelli di natura morale, e approfondisce l'argomento nell'ultimo capitolo del suo lavoro, intitolato *Per l'etica del disgusto*, dove effettua una distinzione tra disprezzo e disgusto: «Come se nel disprezzo si nascondesse – formalizzata, raffreddata, normalizzata – una forma di disgusto»[220]. Raschiando la superficie emerge che, sebbene, come notato dalla Feloj, Kolnai non offra un'analisi estetica del disgusto, questi tracci una linea distintiva netta tra disprezzo e disgusto. Il disprezzo è una declinazione piuttosto blanda del disgusto morale, ha a che fare con l'inadeguatezza e la "dappochezza" piuttosto che con la mollezza, con la morte[221]. «Si unisce a lui [al disgusto – n.d.a.] una selvatichezza e un'intimità del sentire, del provare, che manca del tutto al disprezzo e che costituisce un consolidamento inestimabile dell'orientamento etico nelle situazioni concrete»[222]. Il disprezzo non può quindi ricoprire la stessa funzione etico-cognitiva del disgusto perché è una sensazione più blanda, più indirizzata a oggetti e comportamenti precisi. Ciò che moralmente disgusta è invece meno definito: disgustosa è la putrefazione morale e funziona con gli stessi criteri che determinano ciò che è disgusto in ambito empirico: si tratta di «un'equivocità, una dubbia e sospetta morale»[223]. Di

---

[220] A. Kolnai, *Il disgusto*, cit., p. 101.

[221] Cfr. *ibid.*

[222] Ivi, p. 102.

[223] *Ibid.*

qualcosa che, in sostanza, cambia forma. Se si tratta di un individuo la cui morale è totalmente assente, non si parlerà di disgusto, che come detto, subentra solo se riferito a qualcosa che prima aveva forma, era vitale, e dopo si rivela putrescente. Scrive lo stesso Kolnai che «nella putrefazione morale a rovinarsi è ciò che più di intimo, vivente e, per così dire, prezioso c'è nella persona, finendo per luccicare in un volto ammuffito»[224].

1.3. Superamento del disgusto morale

L'analisi fenomenologica di Kolnai non manca di indagare anche i momenti in cui il disgusto è necessario che venga superato e valicarne il limite diventa una necessità, poiché il non farlo comprometterebbe un innalzamento morale. In questo senso le opere di carità fungono da utile esempio. A questo proposito si rivela significativa la poesia di Franz Werfel, *Jesus und der Äser-Weg* (*Gesù e la via delle carogne*) che Kolnai riporta in maniera del tutto esemplificativa:

Perché, orrore, davanti a noi colava
Selvaggiamente ammassato
Un fiume di carogne
Su cui danzava il sole

Padre mio, anche se sei
Mio padre,
Lasciami nella carogna leggere la tua pietà:
C'è ancora amore dove c'è disgusto?

Si piegò, furiosamente, in basso e seppellì
Le mani sotto vermi e parassiti:
Ed ecco, di rose si staccò un profumo,
Un profumo intenso, da quel biancore[225].

Il disgusto può esser vinto per pietà, per pena, per il desiderio incondizionato di aiutare terzi e, nel farlo, si rende necessario persino seppellire le mani sotto vermi e parassiti. La morale cristiana ha quasi formalizzato questa necessità: il cristiano compassionevole, il vero cristiano, supera il limite formale per aiutare l'altro e sollevarlo dalla sua pena. San Francesco era celebre per non curarsi

---

[224] Ivi, p. 104.

[225] F. Werfel, *Jesus und der Äser-Weg* (1913), cit. in A. Kolnai, *Il disgusto*, cit., p. 99 (si è qui riportata la tr. it. di Tedeschini).

particolarmente delle piaghe purulente portate dalla peste che appestavano i malati, né per il grado di igiene di chi voleva soccorrere. I vangeli, apocrifi e canonici, riportano innumerevoli esempi di episodi simili. Sofocle non è stato da meno quando ha messo in scena il Filottete, opera magistrale il cui richiamo al paradosso della tragedia trattato da Aristotele è chiaro. Neottolemo potrebbe essere il cristiano che supera il disgusto, sebbene con riluttanza, per pena, per empatia, per sollevare l'altro dalla sua pena. Il superamento del disgusto riveste nella società odierna un elemento fondante, soprattutto perché il suo superamento ha in questo caso una fortissima componente etico-religiosa. Inoltre vincere il disgusto per nobili intenti comporta un premio e una ricompensa, nonché una risanazione dai peccati. L'insensibilità che, come una corazza, avvolge chi è avvezzo a operazioni chirurgiche o a chi ha un ruolo nelle professioni sanitarie, non è però la soluzione estendibile a ogni forma di disgusto. Kolnai presuppone occasioni in cui il disgusto potrebbe essere superabile, ma con criterio (da qui l'apparentemente forzata interpretazione di *Der Ekel* da parte di Tedeschini in riferimento al caso *No-Anorexia*, come si vedrà a breve)[226]. Afferma infatti chiaramente:

> Con la massima fermezza dobbiamo però rivolgerci contro il superamento del disgusto, se questo ideale assume la forma della lotta incondizionata al disgusto come specie di "gretto pregiudizio", "fantasia malata", "offesa alla natura" ecc. Non siamo d'accordo neppure con l'esigenza di una universale insensibilità al disgusto che arrivi fino all'incapacità di provarlo. [...] Contro tutto ciò sottolineiamo una volta in più l'irrinunciabile compito cognitivo e selettivo del disgusto dal punto di vista della biologia, della metafisica e dell'etica. Voler superare il disgusto senza riconoscergli il suo diritto fondamentale e il suo senso è indice insieme di un naturalismo violento, ostile alla distanza e alla purezza, e – rispetto al soggetto del disgusto – di un manicheismo non meno violento, per principio sprezzante della realtà, ugualmente conflittuale e idealistico nel peggior senso della parola[227].

---

[226] Cfr. M. Tedeschini, *Il pre-giudizio del disgusto tra conoscenza e valutazione. A partire da Aurel Kolnai*, in «Studi di estetica», XLVII, IV serie, n. 6, 2016, pp. 71-90: 86, reperibile al link http://mimesisedizioni.it/journals/index.php/studi-di-estetica/article/view/488/841 (ultimo accesso 03/06/2019).

[227] A. Kolnai, *Il disgusto*, cit., p. 109.

Con queste parole Kolnai mette quindi un punto molto deciso alla questione, senza però tralasciare un importante aspetto: il disgusto va continuamente sottoposto ad accurati esami e non lasciare che precluda «l'accesso a tante delle cose di valore della vita»[228]. Del resto, se così facessimo, ci sarebbe precluso il piacere della scoperta di un cibo nuovo il cui odore non è accattivante ma il sapore lo è tantissimo, ci si precluderebbe il sesso poiché presuppone intimo contatto con umori e organicità, fortissimi elicitori di disgusto quasi a prescindere dal contesto. Se Leonardo si fosse fatto vincere dal disgusto per i cadaveri e non li avesse dissezionati, sarebbe stato il genio che è stato? Il superamento del disgusto è un limite flebile, versatile, la cui tacchetta è sempre pronta a essere spostata e questo superamento deve poter essere possibile. Lo stesso discorso non è presumibilmente applicabile alla rappresentazione artistica, e tra i pochi che si sono occupati di disgusto ancora in meno si son posti il problema della rappresentazione artistica e della fruizione del disgusto in questo senso.

Come detto poco sopra, la Feloj usa questo aspetto dell'analisi di Kolnai come sostegno della propria tesi, se non fosse che il filosofo ungherese assimila il concetto di disgusto morale a quello di disgusto fisico e, fedele all'approccio fenomenologico, commettendo l'errore di segnare una casistica precisa entro cui inserire elicitori e cause di disgusto[229]. Non deve essere superato proprio per la sua enorme funzionalità di limite: il disgusto è in Kolnai uno strumento irrinunciabile proprio perché unico nel facilitare l'interiorizzazione di un concetto.

---

[228] *Ibid.*

[229] Cfr. S. Feloj, *Estetica del disgusto*, cit., pp. 150-154.

2.1. Disgusto come limite rappresentativo: Tedeschini e il caso di Isabelle Caro

In un articolo pubblicato sulla rivista «Studi di Estetica», Marco Tedeschini, occupatosi di recente della traduzione italiana di *Der Ekel*, parte da una interessante riflessione sulla modella Isabelle Caro, deceduta nel 2010 in seguito a una grave anoressia nervosa[230]. Tedeschini riflette sulla censura avvenuta ai danni di uno scatto della modella francese di Oliviero Toscani, impiegato in una campagna di sensibilizzazione contro l'anoressia attenta alla relazione tra la rimozione della stessa e il disgusto che ha suscitato. La campagna *No-Anorexia* (fig. 12) è stata oggetto di animate discussioni, tanto da suscitare sdegno e portare appunto alla rimozione delle gigantografie sparse per Milano e altre grandi città.

Nonostante l'intento di carattere etico, dunque, la forza dell'immagine ne ha oscurato il positivo potenziale. Toscani non ha probabilmente fatto volutamente leva sull'aspetto repellente dell'immagine, ma è indubbio che cercasse di trasmettere un messaggio la cui forza stava nell'innegabile realtà esplicitata dalla fotografia. Sebbene il disgusto, o l'abbietto che dir si voglia in questo caso specifico, presenti una natura ambivalente, "una macabra attrazione", dando così vita al paradosso del disgusto, è un rischio impiegare questo strumento, perché il contrasto tra valore positivo (attrattivo) dell'oggetto e quello negativo (repulsivo) non conosce tregua. Riflettere su questo caratteristico episodio mette in luce quando i sentimenti negativi generati da un'esperienza estetica forte finiscano spesso per assolutizzare l'oggetto e ridurlo a quella contaminante sensazione. Tedeschini lo chiama «l'abbaglio del disgusto»[231].

Malgrado l'intento, e l'innegabile mistura di pena e dispiacere per la protagonista dell'immagine, la connessione empatica nei confronti del soggetto rappresentato, reale e vivente esattamente come il fruitore che gode della sua vista, viene bruscamente interrotta e prevale una violenta repulsione. Tedeschini definisce questo processo «logica del disgusto»: «Essa consiste nel fatto di ridurre gli

---

[230] Cfr. M. Tedeschini, *Il pre-giudizio del disgusto tra conoscenza e valutazione,* cit.

[231] Ivi, p.78.

oggetti che lo suscitano al solo tratto disgustoso che, in realtà, lo rende legittimo e nel riprovarli a motivo di questo stesso unico tratto»[232].

Così come potrebbe accadere di fronte alla messa in scena del *Filottete* sofocleo, il fatto che si sperimentino sentimenti benevoli di fronte alla rappresentazione non esclude che il disgusto possa essere tra questi, ma nel presenziare, per così dire, è facile che contamini l'intera esperienza estetica e porti a una forte repulsione. Il giudizio di valore negativo che viene formulato sembra esulare la storia che precede lo scatto di Toscani e che da questo ci viene raccontata, in questo caso una storia di sofferenze e dolore che tuttavia pare andare oltre il limite del sopportabile. Spiega Tedeschini:

> Il disgusto costituisce la reazione a un vero e proprio modo di manifestarsi delle cose, in cui si verifica quella che chiameremo una situazione "allucinatoria" in base alla quale, da un lato, per una sorta di "illusione totalizzante", l'oggetto viene letteralmente ridotto al suo tratto disgustoso; da un altro, per effetto di una specie di "illusione della purezza", il soggetto bandisce dalla sua orbita esperienziale l'oggetto con il fine di non esserne contaminato[233].

Tedeschini, per capire come e perché la campagna *No-Anorexia* sia stata censurata, si avvale solo in parte del testo di Kolnai. Ciò che relativamente a questo caso è di nostro interesse sono due particolari aspetti. Se consideriamo il disgusto come tonalità difensiva, lo associamo alla repulsione in modo immediato. Esiste tuttavia un'altra dimensione di questa emozione che risulta ineludibile, quella che Kolnai definisce *paradosso del disgusto*: la perversa attrazione che sentiamo nei confronti di un potenziale oggetto disgustante. Negli stessi anni in cui il fenomenologo ungherese scrive il suo saggio, come già accennato viene elaborata la teoria psicanalitica: Freud stesso menziona il disgusto ne *Il disagio della civiltà*, ma Kolnai, e in generale la scuola fenomenologica, se ne distaccano immediatamente. Il disgustoso rappresenta solo un momento dell'oggetto, ne sottolinea un esubero di vita, una vita intrisa e "gravida di morte". La forza di questa sferzante emozione genera una sorta di illusione, che Tedeschini definisce *allucinazione*: quella parte di realtà, ovvero la percezione del disgusto, adombra le restanti

---

[232] *Ibid.*

[233] *Ibid.*

proprietà costituenti dell'oggetto. Ancora Tedeschini, nella prefazione alla traduzione del testo di Kolnai, dice:

> Ciò significa che l'analogia tra soggetto e oggetto del disgusto vale solo per una dimensione della vita personale umana, *ma non ci dice tutta la verità sul nostro essere*, non si traduce in un perfetto rispecchiamento del soggetto, ma nell'immagine impoverita della sua "grondante marcescenza"[234].

Questa sineddoche fenomenica, ovvero il vedere una sola part del tutto con la pretesa di indicare un intero fenomeno, questa sorta di limite cognitivo del limite rappresentativo per eccellenza, va però compresa meglio. Tedeschini sostiene che, se il soggetto fosse in grado di andare oltre la sensazione immediata che l'immagine gli dà, potrebbe comprenderne più a fondo i significati e accettarne il messaggio insito (qualora ci sia). È ancora una volta Kolnai a suggerire la risposta e la spiegazione, richiamandosi alla stretta analogia sussistente tra il soggetto e l'oggetto disgustoso.

> Ciò che la smorfia della morte ci ricorda è che siamo essenzialmente sudditi della morte: ricorda il senso di morte che permea la nostra stessa vita, il nostro consistere di materia destinata alla morte, pronta alla decomposizione. Il disgustoso non tiene in mano alcuna clessidra, ma ci mette di fronte agli occhi uno specchio deformante. Non però il teschio, con la sua arida eternità, ma proprio ciò che mai in esso troveremo: la sua *grondante marcescenza*[235].

In altre parole l'allucinazione che viviamo di fronte all'oggetto disgustante è solo relativa a noi stessi. Perciò, secondo il ragionamento del filosofo mitteleuropeo, far prevalere la fase attrattiva significherebbe per il soggetto diventare esso stesso fonte del proprio disgusto e finire con il vedere solo la propria immagine riflessa in questo specchio deformante. Anche in questo caso il disgusto che vediamo riflesso è un abbaglio, perché significherebbe assolutizzare la propria essenza. È qui che il disgusto si manifesta come estrema reazione di difesa. Comunque lo si guardi, il disgusto rappresenta un inganno, sia per l'oggetto che per il soggetto. Da un lato infatti inibisce la "molteplicità valoriale" tipica dell'essere umano, che si rivede – consciamente o inconsciamente ha poca importanza – nell'oggetto; dall'altra, pur di non vedervisi riflesso, assolutizza le qualità del disgustante.

---

[234] Cfr. M. Tedeschini, *Il disgusto*, p. 24.

[235] A. Kolnai, *Il disgusto*, cit., p. 91.

Questa interessante tesi mette in discussione, secondo Tedeschini, anche il presunto valore cognitivo del disgusto, poiché, sebbene tra le sue qualità vi sia una pretesa di oggettività, tale pretesa è in realtà un'illusione, un abbaglio, un disvalore cognitivo. Se il soggetto si abbandona a questa inconscia volontà di dissipazione, cede a questo macabro e sensuale richiamo, viene meno esso stesso. Allora ecco che il disgusto respinge con violenza, senza possibilità di appello, evitando qualsiasi contatto con oggetti potenzialmente contaminanti da questo punto di vista. Il disgusto, in definitiva, difende la purezza dalla contaminazione.

Se, come dice Tedeschini nel paragrafo che chiude l'articolo, la forza del disgusto è insita nella sua "pretesa conoscitiva", come risolvere il problema della "sineddoche"?

> Per evitare "il rischio di un trinceramento precipitoso e miope dietro il punto di vista del disgusto e di una mancata considerazione dei valori presenti", Kolnai invoca la necessità di un superamento del disgusto. [...] L'etica combatte l'impulso del disgusto a dar ragione alla logica riduzionistica del disgustoso, che esibisce oggetti a una sola dimensione: quella della morte[236].

Kolnai si auspica quindi un superamento del disgusto per evitare la marcescenza morale, poiché questo sentimento offusca la vista e offre solo una visione parziale del tutto. Al contrario di altre emozioni negative, che comunque potrebbe suscitare ma soverchiare a causa della sua prorompenza, il disgusto non concede empatia ma anzi invita a prendere enormi distanze dal soggetto rappresentato.

Tedeschini chiude il saggio con un'interessante confronto: se l'immagine di Toscani fosse stata scattata e costruita, esposta, per provocare pena o dolore, non sarebbe stata in grado di assurgere al suo scopo e avrebbe a sua volta creato un'illusione. Il disgusto, in quest'ottica, si presenta come elemento ineliminabile della composizione, ma anzi, un accento irrinunciabile posto su un messaggio di grande forza, posto lì proprio per evitare di essere ignorato. Le aspre polemiche che hanno seguito l'esposizione prima e la rimozione poi dei cartelloni pubblicitari lo dimostrano pienamente: nella maggior parte dei casi l'immagine è stata

---

[236] M. Tedeschini, *Il pre-giudizio del disgusto tra conoscenza e valutazione*, cit., p. 86.

completamente estrapolata del contesto e snaturata, mancando così il suo scopo.

Anche il caso di Oliviero Toscani ci pone di fronte a diversi interrogativi. In questo caso l'opera non è stata esposta in uno spazio museale, e ciò è risultato determinante. Un cartellone pubblicitario colpisce la vista in momenti in cui non è assolutamente prevedibile: quando si è fermi al semaforo, durante una passeggiata, e in altre situazioni facenti parte del quotidiano. Il fruitore non è perciò consapevole di poter incorrere in un'immagine di tale forza, non è pronto e non ha a tutelarlo lo spazio asettico della galleria. I cartelloni esposti per la città inviano un messaggio che il pubblico può non essere emotivamente pronto ad accogliere. Se l'asetticità della galleria e del cubo bianco ovattano il messaggio, altrettanto vero è che, se il pubblico non è pronto a recepirlo poiché si trova fuori da una zona di "comfort", il risultato è probabilmente più fallimentare. Il disgusto colpisce con la sua consueta potenza sferzante, lasciando che il soggetto rimanga incatenato all'immagine il tanto giusto da non dimenticarsene, ma troppo poco per poterlo razionalizzare ed equilibrare.

Inoltre si tratta di una fotografia, un ritratto, che non rappresenta una scena fittizia ma l'effettivo stato di salute di una persona vivente, famosa e conosciuta, che rende innegabile e incontrovertibile la verità raccontata dall'immagine: didascalica nella sua sofferenza. In questo caso ci si potrebbe domandare se il malcapitato e occasionale fruitore dell'opera avverta un grado di empatia tale da soccombere all'intimo desiderio di non guardare e volgere la testa altrove. È davvero il senso di morte insito nell'immagine, piuttosto esplicito in questo caso, a renderne insopportabile la visione? Potrebbe invece essere un eccessivo grado di empatia, ragionevolmente riconducibile alla visione di una fotografia, quindi al medium impiegato, a rappresentare il limite fruitivo nel quale si incorre? E in questo caso, per fare un twist teorico, potrebbe essere il senso di morte insito nell'essere umano, la sua malcelata volontà di dissipazione, a essere la fonte dell'empatia o piuttosto un misto di questo e della forza di vita che risiede in lui? Per non tradire Kolnai si potrebbe pensare che forse il disgusto ha in mano una clessidra, il suo specchio deformante non riflette il presente, ma non produce un'illusione né un abbaglio, bensì ricorda ciò che semplicemente è ineluttabile.

2.2. De Immundo

L'onnipervasiva presenza del disgusto nei musei è un dato ormai assodato. Jean Clair ne parla largamente nel celebre *De Immundo*[237], la cui prima edizione risale al 2004, dove vengono menzionati alcuni tra gli artisti che sono stati citati nel presente elaborato. *De Immundo* rappresenta un faro nel buio per chi desidera comprendere il disgusto nell'arte contemporanea: in esso viene evidenziato il rovesciamento dialettico che avviene ai danni del secolo dei Lumi. L'individuo chiede ora alla sua più raffinata invenzione, l'arte, di rigettarlo nel "bagno fecale" di cui si era liberato con enorme sforzo. Si è chiesto all'uomo, all'essere finito e determinato, di rinunciare alla propria animalità e di circondarsi di idoli che gli ricordassero a cosa aspirare. L'uomo contemporaneo esige invece un contatto privilegiato con il proprio essere animale, esige la libertà dai confini del corpo e dalla sua repellente organicità. Un corpo può liberarsi dimenticando di essere esso stesso carne e umanità? Liberazione del corpo come liberazione da sé stessi che Clair pone vicino a una certa religiosità, a una pratica ascetica di dissacrante rifiuto del sé che sfocia in un abbraccio dell'organicità e della fragilità che presuppone.

Sembra che si abbia, per contrasto, affidato a ciò che si chiama arte, concepita come pratica di divergenza, scarto rispetto alla norma, comportamento aberrante, la cura di ricordarci, ma in un contesto limitato e ritualizzato – le esposizioni di avanguardia, le gallerie, i musei –, le funzioni primarie del corpo e, se possibile, le più primitive. Se i peli, gli odori e gli umori sono ossessivamente respinti nella vita quotidiana, essi prosperano, nella maniera più vistosa, in quei momenti particolari che sono le manifestazioni artistiche[238].

Sembra, in altre parole, che i maggiori oggetti ed elicitori di disgusto citati da molti degli autori menzionati nel presente elaborato, uno tra tutti Kolnai, siano diventati parte della direzione verso cui le istituzioni museali spingono. Le manifestazioni artistiche cui fa riferimento Clair possono essere esperite con contatto diretto: «non è più la vista il più intellettuale dei nostri sensi»[239], non è più l'atto contemplativo il processo privilegiato nell'esperienza estetica. Non solo: sembra che la tendenza sia quella di imbrattarsi, trovare

---

[237] Cfr. J. Clair, *De Immundo*, cit. pp. 35-36.

[238] Ivi, p. 35.

[239] Ivi, p. 86.

una catarsi, un contatto estremo con ciò che della stessa natura umana repelle e che questo possa avvenire soprattutto attraverso olfatto e tatto.

L'arte attuale insegna a "disimparare quel disgusto" che ha costituito le basi del nostro vivere civile. Se il gusto è ciò che distingue un uomo civilizzato da uno selvaggio, ora è il disgusto a far parte di questo processo di civilizzazione e la sua esasperata messa in mostra ne è la dimostrazione. Ma da dove nasce? Forse, come sostiene Freud ne *Il disagio della civiltà*, la nostra civiltà è costruita sul bisogno di eliminare gli scarti e sulla fortissima tentazione di tornare alla condizione da lui definita genitale[240]. Clair afferma infatti più avanti che «Anatomia è destino»[241], in riferimento alla vicinanza tra i genitali femminili e la cloaca, sintomo del un duplice destino che accomuna ogni essere vivente: vita e sterco.

Già a ridosso della guerra Freud iniziò a percepire un preoccupante cambio di rotta, un lento degradare di quel Super-io sociale tanto faticosamente messo in piedi e di cui l'arte avrebbe dovuto essere la rappresentazione più elevata. È interessante soffermarsi sul valore del concetto di arte come "rappresentazione più elevata" di una cultura, e con il sottinteso affidamento di un ruolo didattico, quasi risolutivo, più che fondamentale. Freud rivela le sue preoccupazioni in uno scritto del 1930, quando attorno a lui il mondo e le sue espressioni artistiche stanno vorticosamente cambiando forma. Ma è già l'Ottocento a segnare questo cambio di rotta: è sufficiente pensare a *Estetica del Brutto* di Karl Rosenkranz e alle immagini di decomposizione e morte che segnano la fine del Romanticismo. Impossibile separare il processo che ha condotto il disgusto e il sublime a essere inclusi fra le trattazioni estetiche da quello che vede il disgusto diventarne protagonista molti decenni dopo. Il brutto, il deforme, il mostro sono spesso protagonisti di quadri dalle tinte scure e macabre o di romanzi il cui fine ultimo è quello di suscitare una catarsi. Nella *Presentazione* a Rosenkranz Bodei scrive: «Si direbbe che nei periodi di crisi storica, quando la percezione del caos sociale diventa più acuta e perturbante, il brutto tenti di accostarsi ulteriormente al bello sino a confondersi con esso»[242].

---

[240] Cfr. S. Freud, *Il disagio della civiltà*, cit., p. 23.

[241] J. Clair, *De Immundo*, cit., p. 92.

[242] R. Bodei, *Presentazione*, cit., p. 9.

Hegel affronta in parte il tema nella sua *Estetica*: pur non dedicando troppo spazio al brutto, mette le basi per una sua maggiore comprensione, sostenendo che la nostra cultura, quella le cui basi risiedono nel cristianesimo, non può essere confrontata con quella classica perché il dio cristiano è un dio flagellato, il cui dolore è santificato ed emulato. Dolore significa menomazione, violenza, timore. Il brutto è qui strettamente legato al male, al peccato ma anche alla sua catarsi, e a un mondo disgregato, scisso. «L'arte più alta è quella che, presentando la disgregazione di un mondo, è capace di innalzarsi sulle sue brutture senza cancellarle», scrive Hegel[243]. La morte dell'arte hegeliana non prevede una presunta fine dell'età figurativa, ma si riferisce al fatto che l'arte moderna non rappresenta più un Assoluto. Persino l'idea di bello morale non è più allineata al bello estetico: personaggi come Quasimodo di Hugo ne sono la prova. L'ambito letterario sembra sempre precedere, o meglio mettere i presupposti per, ciò che accadrà in ambito figurativo. La comparsa di elementi sgradevoli in composizioni il cui equilibrio risulta tutto sommato gradevole non è l'inizio della fine dell'arte, bensì il suo cambiare vesti, laddove il brutto non è una caduta ma anzi un valore aggiunto al bello. L'ombra che fa risaltare la luce, si dissolve infine nel bello entrando quasi a far parte della sua categoria d'élite.

Non accade lo stesso per il disgusto. Rosenkranz, nella sua disamina del brutto, che viene ricondotto infine alla connessione tra comico e bello, ritiene che l'arte debba mostrare l'inconsueto, ciò che nel reale sarebbe inimmaginabile e inventare nuovi paradigmi sensibili. Deve, insomma, provocare terremoti quando possibile[244]. Bodei riconosce che Rosenkranz propone un campionario molto interessante e ricollega in modo illuminante il prodotto artistico del suo tempo a quello che sta accadendo a livello sociale e storico, tanto da parlare di patologia sociale. Rosenkranz si cala negli inferi del suo tempo, cercando le ragioni di questo "presunto" degrado o cambiamento estetico. Come per lui, è forte la sensazione che il tempo in cui vive sia un tempo dissolto, informe, tendente al marciume morale e ai suoi effetti sull'arte che in parte lo

---

[243] G. W. F. Hegel, *Estetica* (1835-1838, post.), tr. it. di N. Merker e N. Vaccaro, Einaudi, Torino 1997, p. 12.

[244] Cfr. K. Rosenkranz, *Estetica del brutto*, cit., p. 56.

riflettono e in parte lo sublimano[245]. Più di tutto il concetto di bello si evolve, cominciando ad abbracciare e a fondersi con le proprie ombre. Quasi si perde il controllo dell'impiego del brutto: si tende ad esasperarlo fino a farlo divenire grottesco; il Romanticismo è tremendamente affascinato dalla follia e dallo spessore psicologico che la caratterizza. Contemporaneamente l'osceno e il pornografico, fanno la loro comparsa insieme alla cultura di massa, che è la diretta conseguenza dell'alfabetizzazione di massa, della costruzione di metropoli e dei nuovi poveri, proletariato e sottoproletariato urbani, che le abitano. La metropoli denuncia il convivere di civiltà e barbarie: il suo inferno ha gettato le fondamenta sopra fogne invase di scarti e animali immondi come ratti e altri roditori.

> Se fosse possibile mettere a testa in giù una grande città come Parigi, in modo che gli strati sotterranei venissero alla superficie, in modo da far comparire non solo il liquame delle cloache ma anche gli animali che temono la luce – topi, ratti, rospi, vermi che vivono di roba putrefatta – ne risulterebbe un'immagine spaventosamente nauseante[246].

Il brutto è perciò un elemento segnante e sintomatico. Inoltre sembra segnare un ulteriore spostamento del limite del rappresentabile, non di rado mescolandosi ad elementi ritenuti disgustosi. Spesso il confine tra brutto, informe e disgusto è pericolosamente labile.

2.3. Il sacro e l'abominio nell'Azionismo viennese

Il significato reale del mostro come redentore dell'uomo, dell'orrore e del dolore come vie obbligate per il bene assumono enorme valore; in altre parole, come scrive Clair, «Il mostro diventa un cammino verso dio»[247]. Il sacro e l'abbietto hanno diversi tratti in comune. È per entrambi vero, infatti, che chi viene a contatto con il sacro e con il disgusto non può uscirne indenne. Sacro e sacrificio rappresentano un binomio inscindibile, laddove il sacrificio viene invocato in nome di una redenzione, di un cammino in direzione della verità. Per giungere alla verità si rende necessario il passaggio per l'oblio, per tutto ciò che è celato, nascosto, ripudiato e rinnegato: l'orrore, il disgusto, l'abietto. Spesso gli artisti, soprattutto a partire

---

[245] Cfr. R. Bodei, *Presentazione*, cit., pp. 12-13.

[246] K. Rosenkranz, *Estetica del brutto*, cit., p. 246.

[247] Cfr. J. Clair, *De Immundo*, cit., p. 45.

dagli anni Trenta del secolo scorso, indugiano su questa spasmodica ricerca, soffermandovisi con morbosa dedizione. In questo momento la ricerca del bello passa per terreni accidentati, l'immondo, in qualità di catarsi e retta via, può talvolta essere chiamato bellezza e ad essa sostituirsi.

In *De Immundo* sacro e disgustoso corrono su binari paralleli: la reliquia e il potere di cui viene investita rende lecito, e anzi richiede, l'uso di materiali organici. Il sangue, considerato umore nobile, simbolo di vita e sacrificio alla stregua dell'organo del cuore[248], rappresenta Cristo e la sua natura umana. Le reliquie sono considerate oggetti di culto, tracce materiali e fisiche dei corpi dei santi. Tra questi figurano ad esempio le ossa di san Filippo, i capelli di san Paolo, o oggetti che sono semplicemente venuti a contatto con il soggetto venerato: la sindone di Cristo ne è un esempio. Gli altri tipi di umore sono invece secrezioni o escrezioni, quindi rispettivamente bile, saliva, urina, sudore etc. Questo genere di umori non possono essere considerati reliquie perché troppo infimi e perciò non possono essere investiti da santità: è su questi oggetti disgustanti, al limite tra il sacro e il provocatorio, che molti artisti giocano.

Gli azionisti viennesi gettano le basi per questa dialettica del sacro e dell'osceno. Il gruppo nasce nel 1962 a Vienna grazie all'incontro tra Gunter Brus, Otto Muehl, Hermann Nitsch e altri artisti[249]. Questi erano accomunati dall'idea che la produzione artistica dovesse focalizzarsi non più sulla creazione di un oggetto d'arte ma

---

[248] Cfr. C. Korsmeyer, *Savoring Disgust*, cit., pp. 137-148.

[249] Cfr. H. Foster *et al.*, *Arte dal 1900: modernismo, antimodernismo, postmodernismo* (2006), tr. it. di E. Grazioli, Zanichelli, 2016³, pp. 534-541. Sull'azionismo viennese, cfr. almeno: H. Nitsch, *Manifesto* (1963), tr. it. già nel sito del Museo Archivio Laboratorio per le arti contemporanee Hermann Nitsch, Napoli, ora reperibile al link https://web.archive.org/web/20180819103238/http://www.museonitsch.org/ museo/testi-nitsch/manifesto (visto in data 02/07/2019); W. Koch (Hrsg.), *Blut in den Mund. Hermann Nitsch am Wort Von A bis Z*, Literaturschauplatz, Klagenfurt 2008; P. Weibel, V. Export (Hrsg.), *Wien. Bildkompendium Wiener Aktionismus und Film*, Kohlkunstverlag, Frankfurt a.M. 1970; P. Schimmel, R. Ferguson (eds.), *Out of Actions. Between Performance and the Object 1949-1979* (Exhibition catalogue), MAK, Vienna / Hatje Cantz, Stuttgart 1998.

sull'evento, sulla ritualità e sulla teatralità dello stesso. Gli azionisti trattano il corpo come opera e tela, come strumento in cui prende vita l'intersezione sociale e la dimensione soggettiva. Attraverso la sua mortificazione, attraverso i riti messi in scena nel corso delle performance, l'uomo torna a sé liberandosi degli schemi imposti dal vivere civile: passa per una violenta catarsi che lo vede immergersi e rotolarsi nella stessa organicità che trascorre il tempo a celare a sé stesso e all'altro. Dove si incontrano disgusto e le performance degli azionisti? Scrive Krauss:

> Da una parte c'era un culto ipertrofico del corpo sessuale, che considerava le sue pulsioni sovversive del regime borghese di sublimazione e rimozione; dall'altra c'era un simultaneo ribrezzo per il corpo e per la sessualità, intesi come le strutture stesse in cui l'ordine sociale e la repressione erano più profondamente radicate ed espresse nei comportamenti compulsivi e nelle sofferenze nevrotiche[250].

Gli azionisti emergono dalla cultura psicanalitica, e fanno, in particolare Nitsch, della teoria degli archetipi junghiana e della struttura libidinale individuata dalla scuola freudiana, due enormi punti di forza. Sfidando un sistema culturale basato sul tabù, mettono in scena, in azioni molto simili a quelle teatrali, il rapporto dell'uomo con le sue componenti più primordiali. Il "Teatro delle Orge e dei Misteri" di Nitsch istituisce un contatto diretto con le zone del rimosso, sia che si intenda un rimosso conscio sia che si parli di rimosso culturale. Sia l'aspetto prettamente verbale e linguistico che quello strettamente attivo consistono in un catartico flusso di coscienza. L'obiettivo è quello di ricreare un'esperienza multisensoriale, un'opera d'arte totale (*Gesamtkunstwerk*): Nitsch stesso lo esprime con chiarezza ne *Il dramma della foia*:

> Attraverso il collegamento analitico fra odori, percezioni gustative, tattili, sensazioni visive, termiche e risultati linguistici miravo ad un'intensificazione della sensibilità umana verso una percezione (della forma) portatrice di piacere[251].

---

[250] R. Krauss in H. Foster *et al.*, *Arte dal 1900*, cit., pp. 535-537.

[251] H. Nitsch, *La composizione del teatro delle orge e dei misteri* (1994), tr. it. di F. Foradini, Morra, Napoli 1994, p. 24; cit. in L. Mango, *Il teatro delle Orge e dei Misteri di Hermann Nitsch*, in «Acting Archives Review, Rivista di studi sull'attore e la recitazione», I, n. 1, 2011, pp. 15-43: 19, disponibile al link https://actingarchives.it/review/archivio-numeri/25-anno-i-numero-

Nitsch ricrea un clima cerimoniale collettivo in cui non è quasi più possibile distinguere chi inscena e chi assiste. In questa profonda esperienza psichica, che prende corpo attraverso l'estrema passività degli attori, i veri partecipanti attivi sono il pubblico. Nelle performance di Nitsch, in particolare in *Aktion 63* (fig. 13) e affini, alle viscere fumanti viene accostato il corpo dell'attore passivo, imperturbabile, dalla pelle levigata e dalla bellezza quasi scultorea. L'obiettivo è lo smembramento dell'oggettivazione del corpo maschile e femminile, il contrasto tra ciò che "l'uomo sottocutaneo" è e ciò che invece appare. Per questa ragione Nitsch si serve spesso di attori giovani e molto belli, gli stessi che vengono sottoposti ai rituali di catarsi messi in scena durante le performance. L'impiego di materiali organici, la violenza dell'immagine e la sua rude pervasività, sono state oggetto di critiche, fra gli altri, da parte di Gillo Dorfles. Scrive in *La body art*:

> La confusione tra elementi mitici, estetici, sociologici, è, in realtà estrema, e si rivela soprattutto una giustificazione per pratiche sadomasochistiche abbiette. [...] Il tutto è reso più masochisticamente efficace dal ribrezzo e dal disgusto offerti dalla vista delle interiora fumanti, dal lezzo di mattatoio che accompagna tutta la cerimonia[252].

Gli azionisti si esprimono principalmente attraverso quelle che vengono chiamate *"Aktionen"*, azioni pubbliche, violente e provocatrici, in cui ci si flagella o ci si fa flagellare, in cui si beve urina e sangue, si mangiano escrementi e si hanno rapporti sessuali con animali. Tutto questo avviene in abiti religiosi, e talvolta il tutto si conclude con un sacrificio animale (il quale rappresenta il corpo umano, spesso femminile). L'*Azione 33* di Nitsch, del 1970, è rimasta particolarmente impressa sul pubblico per l'esibizione di pratiche sadomasochistiche che hanno comportato mutilazioni con l'impiego di coltellacci e rasoi.

Otto Muehl è stato, tra gli azionisti, colui che più ha esacerbato l'aspetto violento e primordiale del movimento[253]. Muehl è il più

01-aprile-2011/158-il-teatro-delle-orge-e-dei-misteri.html (consultato il 2/7/2019).

[252] G. Dorfles, *La Body Art*, in R. Barilli, Id., F. Menna (a cura di), *L'arte Moderna*, vol. XV, *L'arte contemporanea III: la vita come modi di espressione artistica*, Fabbri, Milano 1975, p. 244.

[253] Cfr. H. Foster *et al.*, *Arte dal 1900*, cit., pp. 543-544; E. Badura-Triska (ed.), *Body, Psyche, and Taboo: Vienna Actionism and Early Vienna*

importante esponente del movimento in questo senso, così tanto da fondare una Comune in cui si pratica liberamente l'assassinio, in cui animali domestici sostituiscono esseri umani, in cui stupro, coito e violenze sono concessi e auspicati. Fuori dalla Comune celebra in pubblico quelle che vengono invece definite *orge fecali*[254] (fig. 14). La Comune non prende vita all'interno del contesto museale, il progetto esula totalmente il contesto artistico e tuttavia non è ben chiaro come debba essere considerato. Muehl dà forma al disgusto morale e fisico come nessuno prima di lui, tanto da essere presto arrestato perché tra il 1963 e 1969 viene accusato di aver abusato di diverse ragazze minorenni. Sia i surrealisti nella Francia degli anni Venti, sia i situazionisti negli stessi anni Sessanta, facevano appelli all'assassinio e allo stupro, non come un atto gratuito ma come performance artistica. Muehl lasciò l'Austria perché ricercato dalle autorità, trovò rifugio a Berlino. Nel 1990 viene trovato e inizia a scontare sette anni di prigione, al termine dei quali viene accolto come eroe anti-borghese, una guida che può liberare dalla repressione dei costumi sociali e il cui supporto arriva direttamente dallo stato[255*].

Clair condanna duramente l'azionismo, più di Dorfles, e si dedica allo studio e alla comprensione di questo importantissimo fenomeno del secolo scorso, riferendosi ai testi originali di Peter Weibel[256].

Modernism (Exhibition catalogue, Vienna 2016), König, Köln 2016. Per ulteriore bibliografia sull'argomento si consiglia la pagina dedicata sul portale *Monoskop*, reperibile al link https://monoskop.org/Viennese_Actionism (consultata il 2/07/2019) e il sito dell'artista reperibile al link http://www.archivesmuehl.org/infoen.html (consultato il 2/07/2019).

[254] Cfr. A. Schlothauer, *Die Diktatur der freien Sexualität. Muehl Kommune Friedrichshof*, Verlag für Gesellschaftskritik, Wien 1972, p. 145. In merito, J. Clair, *De Immundo*, cit., p. 55.

[255] Sulle vicende biografiche di Muehl Clair denuncia una marcata omertà. A detta dell'autore non vi sono cataloghi o biografie in cui i reati commessi dall'artista siano stati menzionati. Cfr. J. Clair, *De Immundo*, cit., p. 55 nota 1. È inoltre lui stesso a fare riferimento al sovvenzionamento di queste mostre da parte dello stato, ma non riporta purtroppo letteratura a riguardo né informazioni precise.

[256] Si fa qui riferimento alla pubblicazione consultata dall'autore di *De Immundo* curata da P. Weibel e di V. Export, *Wien. Bildcompendium*

Clair denuncia l'abuso del ruolo di artista che avviene ai danni dei minori che vengono coinvolti nella Comune: Muehl viene accolto come liberatore dei seviziati, in realtà si pone esso stesso alla stregua di un burattinaio. L'autore non esita a creare un parallelismo tra l'Austria nazista e la facilità con cui i poteri pubblici hanno sovvenzionato la Comune, così come individua un'inquietante affinità tra il castello della Comune e quello de *Le centoventi giornate di Sodoma* pasoliniano[257]. Ciò che importa, ciò che è rilevante, è che l'atto estatico, il rotolarsi nell'abietto, metterlo in pratica, dargli forma e chiamarlo "arte" è agli occhi dell'autore ben oltre ciò che riguarda l'espressione artistica. Tuttavia la Comune viennese segna a sua volta un limite che non è più possibile oltrepassare. Come scrive lo stesso Clair:

> E se bisogna parlare di sensazioni o di estetica, restiamo attaccati a quello stadio infantile, o più precisamente della prima infanzia, dove la conoscenza del mondo esterno e delle frontiere del sé si produce a prova degli escrementi nei quali è immerso il corpo[258].

L'uomo è così ridotto ad animale, alla nuda vita delle sue funzioni fisiologiche e dei suoi organi sanguinolenti. I risvolti sociali e politici di queste azioni, l'uso spregiudicato di materiali di scarto e di escrementi, sia all'interno dello spazio museale (e nel suo castello) per quanto riguarda Nitsch, sia al suo esterno per quanto riguarda Muehl, è un esempio perfettamente calzante di disgusto artistico. Questo nuova corrente dell'abbietto si pone in netto contrasto con l'arte tradizionale, con la ritualità sacra, ormai spogliatasi dell'adorazione della reliquia, a cui si sostituisce l'adorazione e la mercificazione del corpo umano, unico reale protagonista del nostro secolo. Il rovesciamento del simbolico in reale segna l'arte contemporanea a partire dall'arrivo dell'avanguardia: l'arte è andata sostituendosi alla religione, il corpo mortificato e i suoi esecrabili prodotti si sono sostituiti all'icona. Scrive ancora Clair:

> L'arte di oggi (ciò che oggi si chiama con il nome di "arte") sembra recuperare, come per colmare una lacuna. Nell'arte c'è un ritorno alla reliquia e alla presenza oggettiva del corpo e dei suoi umori, mentre nello

---

Wiener Aktionismus und Film, cit. (cit. in J. Clair, *De Immundo*, cit., p. 53 nota 1).

[257] Cfr. J. Clair, *De Immundo*, cit., pp. 54-59.

[258] Ivi, p. 59.

stesso tempo la religione si è disincarnata[259].

In *De Immundo* l'autore non nasconde la propria inquietudine per ciò che nell'arte è concesso, in nome dell'arte e per l'arte. Il contesto museale appoggia ed alimenta questo malato cambio di rotta. Se il mondo dell'arte può essere considerato un piano del reale in cui tutto, anche la concreta messa in opera del terrificante e del totalmente disgustoso, è concesso, allora cosa rimane? C'è una concreta differenza tra gli orrori perpetrati all'interno della Comune degli azionisti viennesi, e quanto invece perpetrato dai più terrificanti aguzzini in contesti non meno reali?

2.4. Il disgusto, l'informe e il pubblico

Michele Bertolini partecipa con un articolo intitolato *Lo spettatore alla prova del disgusto* alla stesura del libro *Dal gusto al disgusto* a cura della Mazzocut-Mis. Bertolini parte dall'idea che l'arte contemporanea fondi i propri presupposti sul divorzio tra arte e bellezza. Gli effetti provocatori del disgusto sovvertono il sublime settecentesco, e risultano tanto interessanti da fare del disgusto oggetto curatoriale. Lo spettatore è sovente costretto a confrontarsi con reazioni estreme, fisiologiche ed emotive. Bertolini focalizza la propria attenzione sull'informe, accomunato al disgusto dal fatto di sfuggire a una determinazione oggettuale. Scrive Bertolini riportando le parole di Julia Peker:

> Non potendo essere assegnato a un elemento empirico: a ogni tentativo di assegnargli un oggetto, il disgusto oppone una figura della confusione, dell'ammasso, del brulichio, dell'indistinto, [...] è insieme ciò che c'è di più grezzo e di più difficile da concepire[260].

Il sabotaggio ai danni dei miti del modernismo viene condotto tanto dall'informe quanto dal disgusto: l'informe prende in contropiede la storia delle forme artistiche, il disgusto fa qualcosa di simile con il concetto di gusto. Rosalind Krauss dedica un articolo all'informe e al modo in cui volge sempre più violentemente verso l'abietto, nonostante tracci, in accordo con Hal Foster, una distinzione

---

[259] Ivi, p. 69.

[260] J. Peker, *Cet obscure objet du degoût*, Le Bord de l'Eau Editions, Paris 2010, p. 142 (cit. in M. Bertolini, *Lo spettatore alla prova del disgusto*, in M. Mazzocut-Mis (a cura di), *Dal Gusto al Disgusto*, cit., pp. 181-205: 188).

ulteriore tra informe, abietto e osceno[261]. L'abiezione lavora soprattutto sul corpo e sul suo significato: si focalizza più che altro sul provocare forte shock, sulla dissoluzione nella viscosità dei suoi prodotti e sulle ferite che esso stesso si inferisce, laddove si pone come vittima della violenza che alberga dentro esso stesso. È la Kristeva, ben più di Bataille, a usare il termine "abietto" in modo determinante. La Krauss lo sottolinea con forza[262]. L'integrità che viene a mancare, la dissoluzione della forma, rivelano la disgustosa verità che quell'integrità stava tutelando. Scrive Foster che «Questo è il regno dell'arte abietta, messo alla prova dalle frontiere infrante del corpo violato»[263]. Le serie fotografiche di Cindy Sherman prodotte nella seconda metà degli anni Ottanta fungono da efficace esempio. In *Disasters Fairy Tales* (1985-1989) (fig.15) la Sherman conduce l'incontro tra abietto e disgustoso, facendo mostra degli elicitori di disgusto sovente qui citati. Si tratta senza dubbio alcuno della più grottesca tra le serie fotografiche della Sherman. Come d'abitudine, la fotografa fa impiego del proprio corpo, e in via eccezionale di altri corpi, virando stavolta l'attenzione su aspetti e dettagli macabri che a questi corpi vengono applicati come protesi, vomito, muffe e sostanze affini. Le tonalità di luce, le pose e l'abbigliamento delle protagoniste concorrono al sollecitamento del disgusto[264]. La Krauss tiene comunque a sottolineare un'importante differenza tra informe e abiezione, sebbene si sia qui del parere che spesso uno sconfini nell'altro, in particolare in riferimento a molti degli elicitori di disgusto illustrati da Aurel Kolnai (si pensi al vomito, al muco, alla saliva e o allo sputo). L'informe, sostiene la Krauss, non ha la funzione sociale che ha l'abietto, non mira cioè al mantenimento del soggetto nella società e ad evitare che esso stesso diventi fonte di abiezione per l'altro[265]. Dal canto suo, dice Perniola che il disgusto fa

---

[261] Cfr. R. Krauss, *"Informe" without Conclusion*, in «October», 78, 1996 pp. 89-105. Cfr. in merito H. Foster, *Il ritorno del reale. L'avanguardia alla fine del Novecento* (2004), tr. it. di B. Carneglia, Postmedia Books, Milano 2006, p. 150. Vedi anche J. Kristeva, *Poteri dell'orrore*, cit.

[262] Cfr. R: Krauss, *"Informe" without Conclusion*, cit., p. 91.

[263] H. Foster, *Il ritorno del reale*, cit., p. 152.

[264] Cfr. L. Mulvey, *A Phantasmagoria of the Female Body: The World of Cindy Sherman*, in «New Left Review», n. 188, 1991, pp. 137-150.

[265] Cfr. R. Krauss, *"Informe" without Conclusion*, cit., pp. 91-96.

degenerare la forma verso l'informe, verso «una vitalità organica esagerata e abnorme che si dilata e propaga oltre ogni limite e oltre ogni forma e si dirama omogeneizzando tutto in una massa informe e putrida»[266].

A partire da questi presupposti, Bertolini si interroga sul ruolo del pubblico e sulle possibili conseguenze della fruizione delle poc'anzi citate declinazioni del disgusto. Il pubblico che si trova di fronte a un'opera disgustante è costretto a una scelta dicotomica: identificarsi con l'abietto o rifiutarlo con violenza, interrompendo la fruizione e volgendo lo sguardo sconvolto e indignato verso artefatti più confortevoli. Ma non è questo che il fruitore cerca attualmente, non è questa sensazione di comfort quella in cui si vuole imbattere quando varca l'ingresso di un museo o ricerca una particolare mostra. Si può in questo caso parlare di rifiuto "caldo" e rifiuto "freddo", secondo la proposta interpretativa di Bertolini: nel primo caso si parla di un coinvolgimento netto, un rimanere letteralmente invischiati, nel secondo il disgusto si traduce immediatamente in rifiuto e la fruizione cessa in quel momento[267]. Nel caso del disgusto caldo lo scontro tra il timore della contaminazione e l'attrazione che l'opera suscita può dare vita a un sentimento ambivalente il cui risultato è un terzo oggetto che ancora non conosce nome. Si potrebbe qui suggerire che il termine *sublate* coniato dalla Korsmeyer si presenta come utile alternativa: il *sublate* coinvolge infatti l'aspetto profondamente ambiguo del disgusto e lo trasforma in elemento fruitivo positivo nel corso dell'esperienza.

Il disgusto si volge in elemento informe quando la sua lotta per emergere lo vede vincitore, come sostenuto anche da Georges Bataille in «Documents», la rivista da lui fondata e diretta nel biennio 1929-1930[268]. Bataille porta avanti l'indagine di questa

---

[266] M. Perniola, *L'arte e la sua ombra*, cit., p. 9.

[267] Cfr. M. Bertolini, *Lo spettatore alla prova del disgusto*, cit., pp. 197-198.

[268] A questo proposito si segnala C. Alemanni, *L'informe: un percorso tra le pagine di* Documents, in «Itinera. Rivista di filosofia e di teoria delle arti e della letteratura», 2, 2002, pp. 1-33 reperibile al link http://www.filosofia.unimi.it/itinera/mat/saggi/alemanic_informe.pdf (ultimo accesso 23/05/2019). Il riferimento va a Bataille e all'articolo intitolato *Informe*, titolo del manifesto dell'estetica con il quale sintetizza il suo intento di decostruzione dell'estetica classica. Su questo perno imposta i

corrente negletta del postmodernismo e cerca di inficiare gli effetti dell'estetica classica e idealista, con lo scopo di trovare degli strumenti più adatti alla comprensione di quanto è accaduto durante il modernismo e quanto sta continuando ad accadere. Egli si sofferma in «Documents» sull'oscura fascinazione che il disgusto e l'orrore esercitano sull'uomo, sull'uomo civilizzato in particolare.

Il disgusto parla all'uomo dell'essenza celata dell'uomo stesso, la natura umana si rivela e l'arte è ormai orientata a mostrare questo senza nessun compromesso. L'arte è un vettore di incontri effimeri, l'arte contemporanea in particolare sfida i limiti di rappresentabilità; le stesse istituzioni museali spingono verso questa direzione. Il sublime settecentesco è ora totalmente rovesciato[269].

Rimane da porsi, a questo punto, un inevitabile quesito. Il disgusto vuole superare sé stesso o punta a una riappropriazione della purezza espressiva? Bertolini risponde che la presenza del disgustoso in arte obbliga l'estetica contemporanea a interrogarsi su quello che è effettivamente il limite del disgusto. Disgusto e limite continuano a essere profondamente correlati: l'impiego dello stesso in epoca postmoderna non rappresenta una risposta, o meglio lo è solo in parte. La trasgressione novecentesca dei limiti rappresentativi imposti nel corso dell'Illuminismo porta solo a interrogarsi su quale sia l'effettivo limite rappresentativo, se neanche il disgusto è riuscito concretamente a esserlo. Tuttavia è comune identificare il disgusto con la reiterazione del feticcio del corpo e della sua mortificazione. Questo è infatti ciò che meglio e più fa in modo che il fruitore non possa sfuggire alla fruizione. Il disgusto segna il superamento di un limite che riguarda soprattutto il pubblico: questo viene trascinato e coinvolto senza il proprio volere. Per dirlo con le parole della Mazzocut-Mis, «non più un rapporto contemplativo, ma un coinvolgimento a tutti i livelli, visivo-tattile, sensuale-erotico,

---

suoi intenti destrutturanti. Cfr. G. Bataille, *Informe* (1929), in *Documents*, tr. it. e cura di S. Finzi, Dedalo, Bari 1974, p. 165. Su questo scritto cfr. anche M.B. Ponti, *Georges Bataille e l'estetica del male*, «Aesthetica Preprint: Supplementa», n. 3, 1999, pp. 50-53, disponibile al link http://www1.unipa.it/~estetica/download/bataille.pdf (consultato il 22/05/2019).

[269] Cfr. M. Carboni, *Il sublime è ora. Saggio sulle estetiche contemporanee*, Castelvecchi, Roma 1993, p. 29.

fisiologico-emotivo»[270]. La ricezione dell'opera passa per sensazioni sinestetiche e forti, quasi dolorose e mirate allo choc.

---

[270] M. Mazzocut-Mis, *Voyeurismo tattile. Un'estetica dei valori tattili e visivi*, Il Melangolo, Genova 2002, p. 125.

3.1. Ulteriori esempi di disgusto nel contemporaneo

David Nebreda e Louise Bourgeois sono due dei tanti esempi che potrebbero essere analizzati. Per quanto riguarda la Bourgeois, essa si inserisce in quel filone femminista di cui fa parte anche la già citata Saville. Le artiste femministe impiegano il corpo come strumento di manifestazione della loro identità di donne: è sufficiente ricordare, tra le altre, Nancy Groves, il gruppo delle Guerrilla Girls, la Abramovich, Marisa Merz, Zoe Leonard e altre[271]. L'esempio della Bourgeois è ulteriormente interessante per l'estrema crudezza dei suoi lavori. Il mondo femminile, intriso di umori, erotismo, violenza e morte prende forma tra installazioni e sculture, ma assume le forme del ribrezzo quando fa dei propri umori e secrezioni reliquie conservate in flaconi che vengono esposti nei musei[272]. L'attenzione patologica che viene riservata agli scarti organici lascia quasi annichiliti, ma fu già lo stesso Kant a sottolineare il profondo legame tra disgusto e elementi sgradevoli del reale[273] e al modo in cui questa emozione si presenta ai sensi in modo violento, letteralmente imponendovisi. Sembra infatti che il disgusto intrattenga un rapporto privilegiato con la verità, con il reale: una volta venute meno le accortezze dell'inganno artistico, rimane solo una dissacrante e pulsante organicità. Cadute le barriere rimane solo il disgusto. Sartre stesso definisce il disgusto «qualità rivelatrice dell'essere», in riferimento sia alla nausea per la vita, sia al suo rivelarsi nei suoi aspetti più infimi[274].

Nebreda conduce una riflessione non troppo dissimile da quella degli azionisti. Colpito da una malattia psichiatrica, impiega la fotografia come mezzo di riscoperta del proprio corpo scheletrico

---

[271] Cfr. G. C. Argan, A. Bonito Oliva, *L'arte moderna, L'arte oltre il duemila*, Sansoni-Rcs, Milano 2009, pp. 321-325; e, più nello specifico, cfr. H. Robinson, *Feminism Art Theory: An Anthology 1968-2014*, Wiley&Sons, Madlen 2015.

[272] Cfr. J. Clair, *De Immundo*, cit., pp. 88-89.

[273] Cfr. I. Kant, *Critica della capacità di giudizio* (1790), tr. it. di L. Amoroso, Rizzoli, Milano 1995, p. 439.

[274] J.-P. Sartre, *La Nausea*, cit., p. 171.

(fig. 16). La crudeltà e il supplizio a cui si sottopone è l'inferno per il quale deve passare per ritrovarsi[275]. Nebreda si immortala in mezzo agli escrementi, torna allo stato animale e primordiale dell'essere umano. Colto dal vuoto e dalla follia, vengono meno tutte le barriere che il vivere civile impone. L'esercizio di questo «potere anale»[276] è occasione di godimento, sebbene piuttosto distante da quello codificato dall'ordine estetico: infatti, sebbene altro dall'ordine estetico illuminista cui ancora si fa con forza riferimento, esso codifica con l'organico e il sinestetico un nuovo ordine estetico. Si potrebbe qui riflettere ulteriormente sulla riflessione della Korsmeyer e sull'importanza della distinzione tra edonismo ed estetico[277].

Clair identifica questo immondo che padroneggia tra le sale dei musei, e in generale ovunque si volga lo sguardo, dai social al cinema, alla pornografia, con un ritorno al demoniaco inteso come opposto di dio e, di conseguenza, con una mancanza di forma e grazia. Come egli afferma, *Gott ist Form*, secondo quanto scriveva Gottfried Benn: "Dio è forma"[278], ma non lo sono gli esseri che ha creato, immondi e laidi. Alla forma di dio, alla sua perfezione, si contrappone *Das Ungeheure*, ciò che è laido, sporco, e che al contempo «non è di questo mondo», di quel mondo che lo stesso uomo ha dovuto adornare e pulire per potervi vivere. Il disgusto e le sue più estreme o meno manifestazioni si configura, perciò, come risvolto inevitabile di un progresso culturale e di una ricerca del vero che passa per strade fangose e putride, sature di odori acri e di provocazione, di umori e libido, di contraddizioni e mortificazioni[279].

L'impiego spietato del corpo come mezzo espressivo è frutto dell'estrema necessità di celebrare il carattere effimero della vita umana: solo avvolgendosi in essa, solo rotolandosi nei suoi più laidi

---

[275] Cfr. D. Nebreda, *Chapitre sur le petites amputations*, Leo Scheer, Paris 2004 (cit. in A. Gentile, *Lo specchio psicotico. Sull'opera di David Nebreda*, in M. Balsamo (a cura di), *L'autobiografia psicotica*, Franco Angeli, Milano 2015, pp. 199-208, bozza reperibile al link https://www.academia.edu/12883275/lo_specchio_psicotico_sullopera_di_ David_Nebreda (consultato il 4/5/2019).

[276] Cfr. J. Clair, *De Immundo*, cit., p. 94.

[277] Cfr. C. Korsmeyer, *Savoring Disgust*, cit., pp. 102-104.

[278] G. Benn, cit. in J. Clair, *De Immundo*, cit., p. 76-77.

[279] Cfr. J. Clair, *De Immundo*, cit., p. 35.

prodotti di morte, è possibile esorcizzarla. Questo genere di arte sembra nascere per provocare angoscia e al contempo per placarla; la controtendenza del disgusto nasce come rivalsa rispetto all'uomo sottocutaneo e alla bellezza di cui si è circondato e si circonda per relegare nell'oblio la propria essenza. Scrive Bertolini ne *Lo spettatore alla prova del disgusto* che il disgusto non può essere considerato un mero disvalore estetico, ma si configura anzi come un sano rigetto dell'estetica del buon gusto e, al pari dell'informe, può fungere da "grimaldello" per rovesciare le illusioni codificate dall'estetica kantiana e postkantiana. Già Nietzsche offre interessanti spunti per un'estetica del disgusto novecentesco: nell'aforisma n. 59 de *La Gaia Scienza*, egli fa infatti riferimento agli «artisti occultatori della naturalità, bramosi della Luna e di Dio», che «riducono l'uomo ad anima e forma» a cui viene contrapposta la bestemmia dell'*uomo sottocutaneo*. E continua:

> La legge di natura dissolve le nebbie spirituali dei nottambuli diurni. In altre parole la realtà dell'essere umano è occultata dagli idealismi estetici cui ogni essere civilizzato è più o meno sottoposto. Al disgusto l'arduo compito di svelare il vero[280].

Il disgusto sovverte dentro e fuori, interno ed esterno, estroflessione ed introflessione, il corpo ingerisce e il corpo rigetta lo stesso cibo informe. Impossibile non menzionare a questo proposito *The Brood* (1979) di David Cronenberg, in italiano distribuito con il nome *La covata malefica* (fig. 17). Una madre genera degli esseri mostruosi che partorisce, a causa del suo utero estroflesso, dalla bocca. Parto e gestazione sono uno spettacolo abominevole, persino difficile da stare a guardare. Cronenberg è tuttavia ossessionato da quella che lui stesso definisce «bellezza interiore»[281], dalle ibridazioni tra organismi di diversa specie. Questa violazione del corpo fisico che diventa appunto informe, genera semplice rigetto, nausea.

Sebbene non ci si possa dedicare in questa sede al disgusto in ambito cinematografico, e ci si auspica di poterlo fare in separata sede, è fondamentale menzionare alcuni importanti esempi anche per

---

[280] F. Nietzsche, *La gaia scienza* (1882), tr. it. a cura di F. Masini e M. Montinari, Adelphi, Milano 1967, pp. 79-80.

[281] Cfr. M. Canosa, *David Cronenberg. La bellezza interiore*, Le Mani, Recco 2005.

l'estrema efficacia in senso disgustante rispetto all'arte in cui ci si imbatte normalmente in una galleria. *The Virgin Mother* di Hirst (2005) sembra in qualche modo richiamare la stomachevole estroflessione presente in *The Brood* di Cronenberg. Quest'opera mette in mostra il corpo di una madre gravida: metà è priva dello strato epidermico e mette in mostra utero e feto, muscoli e sangue e viscere, ossa e denti, mentre l'altro è il corpo nudo per come chiunque lo conosce: adeguatamente occultato dalla pelle. Disgusto ed estroflessione camminano insieme, scontrandosi con la società edonistica, ed imponendosi contro ogni pronostico in quella che Clair chiama «arte dello stercorario»[282] e che Perniola definisce «la categoria principale dell'estetica contemporanea»[283].

Ma quando un'opera d'arte viene definita disgustosa, o presta addirittura il nome a una nascente categoria estetica, di cosa si sta esattamente parlando? Si è visto che il termine disgusto in relazione ai prodotti artistici viene impiegato nei modi più diversi, che la sua declinazione semantica varia di luogo in luogo, di status in status, ed è soggetta a diverse variabili. È probabile che con il termine disgusto si intenda tutto ciò che provoca un momento di repulsione e rigetto, ma molto raramente si possa parlare concretamente di fase repulsiva e del suo assoluto prevalere, tanto da impedire la fruizione del lavoro. Il disgusto si pone come una barriera oltre la quale è necessario andare, o di cui comunque fruire, per approcciarsi a ciò che l'arte di oggi rappresenta o a ciò che vuole comunicare. Tuttavia è solo di recente che si è iniziato a trattare l'argomento in modo sistematico, e sembra che gli strumenti a disposizione per una concettualizzazione chiara siano ancora parziali e poco chiari. Ciò che è rilevante è che il fenomeno del disgusto, cui forse la forza devastatrice si è già esaurita poiché ha esso stesso raggiunto il suo limite per quanto riguarda il nostro tempo e la cultura occidentale, non può e non deve essere ignorato. Con il presente elaborato si è tentato di offrire una personale lettura del fenomeno e sottolineare i quesiti di fronte a cui il fenomeno pone gli addetti ai lavori.

---

[282] J. Clair, *De Immundo*, cit., p. 82.

[283] M. Perniola, *L'arte e la sua ombra*, cit., p. 8.

Conclusioni

L'intento dell'elaborato non è mai stato quello di giungere a delle vere e proprie conclusioni. Piuttosto, è stato quello di porre i giusti quesiti considerando tutti gli aspetti che in qualche modo dal disgusto vengono toccati, e il cui impiego mette in evidenza. Il disgusto viene menzionato, sino agli anni Novanta dello scorso secolo, come limite rappresentativo: è contrario a ogni gusto, impedisce l'atto contemplativo, il suo rapporto preferenziale con il vero ostacola l'intento artistico, l'impiego nello spazio museale mette in discussione l'atto fruitivo. Questi sono solo alcuni tra i tanti interrogativi di fronte ai quali il disgusto ci mette.

Mi sono più volte resa conto di essermi imbattuta in un tema la cui portata richiede un approccio che esula dai miei attuali strumenti, non foss'altro che la convinzione di base è che occorrerebbe un approccio multidisciplinare: più volte ho avuto la netta sensazione che ci fosse un malinteso di fondo. Il primo malinteso consiste nell'uso del termine: i confini spesso labili e ambigui di questa parola non aiutano il suo utilizzo nella descrizione di un'esperienza estetica. In senso colloquiale possiamo definire disgustosa un'opera che ci repelle, ma che in qualche modo continuiamo a guardare, oppure qualcosa che ci respinge totalmente e in modo irrevocabile. Non esistono sfumature semantiche che possano definire la soggettività di questo sentimento estetico, ancora meno ne esistono che possano definire l'insorgere dell'emozione. Studiare il disgusto significa focalizzarsi attentamente sull'aspetto percettivo, indagando a fondo la distinzione tra emozione e sentimento, definirne i limiti cognitivi, e capire in che modo questo si relaziona con l'aspetto fruitivo in contesto artistico. È risultato evidente che chiunque si sia approcciato all'argomento sia incorso nelle stesse aporie: nell'incapacità di definirlo, di concettualizzarlo e di dargli un posto. Ognuno di questi studi, da Kolnai, a Tedeschini, a Feloj e Korsmeyer, o a Nussbaum e Miller, ha apportato un contributo prezioso. Ognuno di questi ha rivelato un pezzo del puzzle, evidenziando l'importanza di un sentimento frammentario, pervasivo e al contempo inafferrabile nell'angoscia e nella primordialità che lo caratterizza. In contesto artistico questa complessità è portata all'esasperazione: se l'arte è una dimensione del reale intensificata, se l'emotività a essa legata è una dimensione esperienziale acuita, qui il disgusto esplode e si nasconde continuamente. Sia per fattori culturali e soggettivi, sia per la complessità cui si fa riferimento dalle prime righe di questa "conclusione".

Il disgusto estetico mi ha posta di fronte all'inafferrabile, di fronte a una forza propulsiva e dirompente, effimera e sfuggente al contempo. Per questo vedo nell'*informe* la più sincera forma di disgusto, nella mancanza di controllo che esso rappresenta, anche quando sublimato o "sublatizzato".

La sensazione è perciò quella di dover apportare piccoli e continui contributi, umili e strutturati, e cessare di perdersi nella vorticosa ricerca di una concettualizzazione, ma di stare a guardare. Il disgusto è, secondo mio personale parere, lo specchio deformante attraverso il quale il mondo degli ultimi sessant'anni si sta esprimendo. Questo accade in ambito artistico, quanto cinematografico, letterario e visuale ovunque e con diversi mezzi. Nella ricerca di una disperata catarsi, nella ricerca del vero, nell'affrontare l'organico e l'informe, la paura dell'ignoto e la soffocante necessità di liberarsi della propria corporalità per riappropriarsene, risiede il disgusto.

In conclusione, sono stati individuati degli ulteriori quesiti a cui mi piacerebbe rispondere in ricerche future. Indagare con più efficaci strumenti la relazione tra disgusto e pubblico, tra disgusto e media, e l'aspetto fruitivo ed esperienziale, sono tra questi. È inoltre necessario continuare a chiedersi se il disgusto sia un limite rappresentativo o meno, e qualora lo fosse, in quali casi lo sia. Altrettanto importante è smettere di impiegare il paradigma kantiano e mendelssohniano per giungere a queste risposte (sebbene non sia da ignorare il fatto che ancora rappresentino un pilastro).

Bibliografia

B. Adams, *Sensation: Young British Artists from the Saatchi Collection*, Thames and Hudson, London 1997.

C. Alemanni, *L'informe: un percorso tra le pagine di* Documents, in «Itinera. Rivista di filosofia e di teoria delle arti e della letteratura», 2, 2002, pp. 1-33, reperibile al link http://www.filosofia.unimi.it/itinera/mat/saggi/alemanic_informe.pdf (ultimo accesso 23/05/2019).

A. Angyal, *Disgust and Related Aversion*, in «The journal of Abnormal and social Psychology», n. 36, 1941, pp. 393-412, reperibile al link https://psycnet.apa.org/doiLanding?doi=10.1037%2Fh0058254 (consultato il 4/3/2019).

G. C. Argan, A. Bonito Oliva, *L'arte moderna, L'arte oltre il duemila*, Sansoni-Rcs, Milano 2009.

Aristotele, *Metafisica*, tr. it. di G. Reale, Bompiani, Milano 2000.

——, *Poetica*, tr. it. di P. Donini, Einaudi, Torino 2008.

E. Badura-Triska (ed.), *Body, Psyche, and Taboo: Vienna Actionism and Early Vienna Modernism* (Exhibition catalogue, Vienna 2016), König, Köln 2016.

G. Bataille, *Documents* (1929-1930), tr. it. e cura di S. Finzi, Dedalo, Bari 1974.

W. Benjamin, *Mangiare* (1930), tr. it. di U. Gandini, in *Opere complete*, vol. IV, *Scritti 1930-1931*, a cura di R. Tiedermann e H. Schweppenhäuser, Einaudi, Torino 2002, pp. 150-156.

M. Bertolini, *Lo spettatore alla prova del disgusto*, in M. Mazzocut-Mis (a cura di), *Dal gusto al disgusto*, cit. *infra*, pp. 181-205.

G. Boccaccio, *Decameron*, in *Tutte le opere*, a cura di V. Branca, Mondadori, Milano 1976, ed. digitale nel portale *Biblioteca italiana* dell'Università "La Sapienza" di Roma, http://www.bibliotecaitaliana.it/testo/bibit000267 (consultata il 5/6/2019).

R. Bodei, *Presentazione* in K. Rosenkranz, *Estetica del brutto*, cit. *infra*, pp. 7-39.

G. Böhme, *Atmosfere, estasi, messe in scena. L'estetica come teoria generale della percezione* (2001), tr. it. di T. Griffero, Christian Marinotti, Milano 2010.

P. Bourdieu, *La distinzione. Critica sociale del gusto* (1979), tr. it. di G. Viale, Il Mulino, Bologna 1983.

M. Buelli, *Un'estetica del disgusto: Damien Hirst*, Galassie Arte, Pomezia 2017.

E. Burke, *Inchiesta sul bello e sul sublime* (1757), tr. it. di G. Sertoli, Aesthetica, Palermo 1998.

M. Canosa, *David Cronenberg. La bellezza interiore*, Le Mani, Recco 2005.

M. Carboni, *Il sublime è ora. Saggio sulle estetiche contemporanee*, Castelvecchi, Roma 1993.

G. Carchia, *L'estetica antica*, Laterza, Roma-Bari 1999

A. Carlson, G. Parsons, *Functional Beauty*, Oxford University Press, New York 2008.

N. Carroll, *The Philosophy of Horror*, Blackwell, Malden (MA) 1998.

J. Clair, *De Immundo* (2004), tr. it. di P. Pagliano, Abscondita, Milano 2005.

F. Contesi, *Korsmeyer on Fiction and Disgust*, in «British Journal of Aesthetics», 55, n. 1, 2015, pp. 109-116, reperibile al link http://dx.doi.org/10.1093/aesthj/ayu014 (visitato in data 12/03/2019).

———, *The Meanings of Disgusting Art*, in «Essays in Philosophy», 17, n. 1, 2016, pp. 68-94, reperibile al link http://dx.doi.org/10.7710/1526-0569.1544 (consultato in data 16/4/2019).

J. Cornelius, *Science of Emotions: Research and Tradition in the Psychology of Emotion*, Pearson, London 1996.

C. Darwin, *L'espressione delle emozioni nell'uomo e negli animali* (1872), tr. it. di B. Bandinelli, Bollati Boringhieri, Torino 2012.

P. de Bolla, *Art Matters*, Harvard University Press, Cambridge (MA) 2001.

———, *Toward the Materiality of Aesthetic Experience*, in «Diacritics», 32, n. 1, 2002, pp. 19-37.

F. Desideri, *Sulla forma differenziale delle emozioni*, in L. Russo, S. Tedesco (a cura di), *Sull'emozione*, «Aesthetica Preprint: Supplementa», n. 29, 2013, pp. 79-89.

B. Dillon, *Ugly Feelings*, in A. Gallagher (ed.), *Damien Hirst*, cit. *infra*, pp. 21-29.

G. Dorfles, *Le oscillazioni del gusto. L'arte d'oggi tra tecnocrazia e consumismo*, Einaudi, Torino 1970.

————, *La Body Art*, in R. Barilli, Id., F. Menna (a cura di), *L'arte Moderna*, vol. XV, *L'arte contemporanea III: la vita come modi di espressione artistica*, Fabbri, Milano 1975.

————, *Ultime tendenze nell'arte d'oggi*, Feltrinelli, Roma 1999.

J.-B. du Bos, *Riflessioni critiche sulla poesia e sulla pittura* (1719), a cura di M. Mazzocut-Mis e P. Vincenzi, Aesthetica, Palermo 2005.

S. Feloj, *Il sublime nel pensiero di Kant*, Morcelliana, Brescia 2012.

————, *Dal gusto palatale alla morale. Il disgusto come sentimento*, in M. Mazzocut-Mis (a cura di), *Dal gusto al disgusto*, cit. *infra*, pp. 127-148.

————, *Introduzione* a W. Menninghaus, *Disgusto*, cit. *infra*, pp. 7-13.

————, *Estetica del disgusto. Mendelssohn, Kant e i limiti della rappresentazione*, Carocci, Roma 2017.

H. Foster, *Il ritorno del reale. L'avanguardia alla fine del Novecento* (2004), tr. it. di B. Carneglia, Postmedia Books, Milano 2006.

H. Foster, R. Krauss, Y. Bois, B. H. D. Buchloh, D. Joseilt, *Arte dal 1900: modernismo, antimodernismo, postmodernismo* (2006), tr. it. di E. Grazioli, Zanichelli, 2016³.

S. Freud, *Il disagio della civiltà* (1929), tr. it. di E. Sagittario, in *Opere*, vol. 10, a cura di C. L. Musatti, Boringhieri, Torino 1978, pp. 553-630.

A. Gallagher (ed.), *Damien Hirst, Tate Modern Exhibition Catalogue*, Tate, London 2012.

V. Gallese, M. Guerra, *Lo schermo empatico*, Raffaello Cortina, Milano 2015.

A. Gentile, *Lo specchio psicotico. Sull'opera di David Nebreda*, in M. Balsamo (a cura di), *L'autobiografia psicotica*, Franco Angeli, Milano 2015, pp. 199-208, bozza reperibile al link https://www.academia.edu/12883275/lo_specchio_psicotico_sullop era_di_David_Nebreda (consultato il 4/5/2019).

P. Giordanetti, M. Mazzocut-Mis, *I luoghi del sublime moderno*, Led, Milano 2005.

P. Goldie, *The Emotions: A Philosophical Exploration*, Oxford University Press, New York 2002.

P. Griffiths, *What Emotions really are? The problem of psychological categories*, The University of Chicago Press, Chicago 1998.

J. Grimm, W. Grimm, *Deutsches Wörterbuch*, Deutscher Taschenbuch Verlag, München 1984.

U. Grosenick, *Le donne e l'arte nel XX e XXI secolo*, Taschen, Colonia, 2005

S. Halliwell, *L' estetica della mimesis. Testi antichi e problemi moderni* (2002) tr. It. Di G. Lombardo, Aesthetica, Palermo 2009

G. W. F. Hegel, *Estetica* (1835-1838, post.), tr. it. di N. Merker e N. Vaccaro, Einaudi, Torino 1997.

D. Hirst, G. Burn, *Manuale per giovani artisti. L'arte raccontata da Damien Hirst* (2001), tr. it. di M. Robecchi, Postmedia Books, Milano 2004.

D. Hume, *La tragedia* (1753), in *La regola del gusto e altri saggi*, tr. it. di G. Preti, Abscondita, Milano 2006, pp. 626-682.

H.R. Jauss, *Esperienza estetica ed ermeneutica letteraria*, vol. I, (1979), tr. it. di B. Argenton, Il Mulino, Bologna 1987

I. Kant, *Antropologia dal punto di vista pragmatico* (1798), in *Scritti morali*, tr. it. e cura di P. Chiodi, Utet, Torino 1970, pp. 535-757.

——, *Critica della capacità di giudizio* (1790), tr. it. di L. Amoroso, Rizzoli, Milano 1995.

——, *Metafisica dei costumi* (1790), tr. it. di G. Vidari, Laterza, Roma-Bari 1983.

D. Kelly, *Yuck! The Nature and the Moral Significance of Disgust*, MIT Press, Cambridge (MA) 2011.

W. Koch (Hrsg.), *Blut in den Mund. Hermann Nitsch am Wort Von A bis Z*, Literaturschauplatz, Klagenfurt 2008.

A. Kolnai, *Il Disgusto* (1929), tr. it. di M. Tedeschini, Christian Marinotti, Milano, 2017.

C. Korsmeyer, *Delightful, Delicious, Disgusting: Eating Sublime and Terrible*, in «Journal of Aesthetics and Art Criticism», 60, n. 3, 2002, pp. 218-225.

————, *Fear and Disgust: The Sublime and the Sublate*, in «Revue Internationale de Philosophie», 62, 2008, pp. 367-379, reperibile al link https://www.cairn.info/revue-internationale-de-philosophie-2008-4-page-367.htm (visto in data 24/05/2019).

————, *Savoring Disgust: The Foul and the Fair in Aesthetics*, Oxford Univerity Press, Oxford 2011.

————, *Disgust and Aesthetics*, in «Philosophy Compass», VII, n. 11, 2012, pp. 753-761, reperibile al link https://onlinelibrary.wiley.com/doi/abs/10.1111/j.1747-9991.2012.00522.x (consultato il 12 /05/2019).

————, *Gut Appreciation: Possibilities for Aesthetic Disgust*, in «Lebenswelt», n. 3, 2013, pp. 186-199, reperibile al link https://riviste.unimi.it/index.php/Lebenswelt/article/view/3483 (consultato il 12/ 05/2019).

R. Krauss, *"Informe" without Conclusion*, in «October», 78, 1996 pp. 89-105.

J. Kristeva, *Poteri dell'orrore. Saggio sull'abiezione* (1980), tr. it. di A. Scalco, Spirali, Milano 1981.

G. E. Lessing, *Laocoonte* (1764), tr. it. di M. Cometa e G. Spatafora, Aesthetica, Palermo 2007.

L. Lippard, *Six Years, The Dematerialization of the Art Object from 1966 to 1972*, University of California Press, Berkeley-Los Angeles-London 1997.

F. Mancini, A. Gragnani, *Disgusto, contagio e cognizione*, in «Psichiatria e Psicoterapia Analitica», 22, n. 1, 2003, pp. 38-47.

L. Mango, *Il teatro delle Orge e dei Misteri di Hermann Nitsch*, in «Acting Archives Review, Rivista di studi sull'attore e la recitazione», I, n. 1, 2011, pp. 15-43, disponibile al link https://actingarchives.it/review/archivio-numeri/25-anno-i-numero-01-aprile-2011/158-il-teatro-delle-orge-e-dei-misteri.html (consultato il 6/05/2019).

A. Marroni, *Dal gusto al disgusto*, in «Prometeo. Rivista trimestrale di scienze e storia», n. 109, marzo 2010, pp. 34-43.

M. Mazzocut-Mis, *Voyeurismo tattile. Un'estetica dei valori tattili e visivi*, Il Melangolo, Genova 2002.

————, *Il senso del limite: il dolore, l'eccesso, l'osceno*, Le Monnier, Firenze 2009.

————, *Entrare nell'opera. I Salons di Diderot; Selezione antologica e analisi critica*, con la collaborazione di M. Bertolini, R. Messori, C. Rozzoni e P. Vincenzi, Le Monnier, Firenze 2012.

————, *Il disgusto nel secolo dei Lumi*, in «Lebenswelt. Aesthetics and Philosophy of Experience», n. 3, 2013, pp. 156-174, URL = http://riviste.unimi.it/index.php/Lebenswelt/article/view/3481 (visto in data 12/06/2019).

M. Mazzocut-Mis (a cura di), *Dal gusto al disgusto. L'estetica del pasto*, Raffaello Cortina, Milano 2015.

C. McGinn, *The Meaning of Disgust*, Oxford University Press, New York 2011.

M. Mendelssohn, *Lettera sulla letteratura*, (1752), in *Scritti di estetica*, tr. it. e cura di L. Lattanzi, Aesthetica, Palermo 2004, pp. 105-142.

W. Menninghaus, *Disgusto: Teoria e Storia di una sensazione forte* (1999), tr. it. di S. Feloj, Mimesis, Milano 2016.

Y. Michaud, *L'arte allo stato gassoso: un saggio sull'epoca del trionfo dell'estetica* (2003), tr. it. di L. Schettino, Edizioni Idea, Roma 2003.

W.I. Miller, *Anatomia del disgusto* (1997), tr. it. di M. R. Fasanelli, McGraw-Hill, Milano 1998.

K. Min Sun, *Sensation at the Royal Academy of Arts, London (1997)*, in «Artdesigncafé», 14/11/2010, disponibile al link https://www.artdesigncafe.com/sensation-royal-academy-of-arts-london-1997 (consultato in data 6/5/2019).

L. Mulvey, *A Phantasmagoria of the Female Body: The World of Cindy Sherman*, in «New Left Review», n. 188, 1991, pp. 137-150.

D. Nebreda, *Chapitre sur le petites amputations*, Leo Scheer, Paris 2004.

F. Nietzsche, *La gaia scienza* (1882), tr. it. a cura di F. Masini e M. Montinari, Adelphi, Milano 1967.

H. Nitsch, *Manifesto* (1963), tr. it. già nel sito del Museo Archivio Laboratorio per le arti contemporanee Hermann Nitsch, Napoli, ora reperibile al link https://web.archive.org/web/20180819103238/http://www.museoni tsch.org/museo/testi-nitsch/manifesto (visto in data 03/06/2019).

_____, *La composizione del teatro delle orge e dei misteri* (1994), tr. it. di F. Foradini, Morra, Napoli 1994.

M. Nussbaum, *Nascondere l'umanità. Il disgusto, la vergogna, la legge* (2004), tr. it di C. Corradi, Carocci, Roma 2013.

G. Orwell, *La strada di Wigan Pier* (1937), tr. it. a cura di G. Monicelli, Mondadori, Milano 1993.

G. Panella, *Storia del Sublime. Dallo Pseudo Longino alle poetiche della Modernità*, Clinamen, Firenze 2012.

J. Peker, *Cet obscure objet du degoût*, Le Bord de l'Eau Editions, Paris 2010.

M. Perniola, *L'arte e la sua ombra*, Einaudi, Torino 2000.

Platone, *Repubblica*, tr. it. di G. Caccia, Newton, Roma 2012.

M.B. Ponti, *Georges Bataille e l'estetica del male*, «Aesthetica Preprint: Supplementa», n. 3, 1999, pp. 50-53, disponibile al link http://www1.unipa.it/~estetica/download/bataille.pdf (consultato il 05/06/2019).

J. Posner *et al.*, *The Neurophysiological Bases of Emotion: An fMRI Study of the Affective Circumplex Using Emotion-Denoting Words*, in «Human Brain Mapping», 30, n. 3, 2009, pp. 883-895, reperibile al link https://www.ncbi.nlm.nih.gov/pubmed/18344175 (consultato il 03/05/2019).

H. Robinson, *Feminism Art Theory: An Anthology 1968-2014*, Wiley&Sons, Madlen 2015.

J. Robinson, *Startle*, in «Journal of Philosophy», 92, n. 2, 1995, pp. 53-74, reperibile al link https://www.academia.edu/33804235/Startle (consultato in data 23/05/2019).

K. Rosenkranz, *Estetica del Brutto* (1853), tr. it. a cura di R. Bodei, Il Mulino, Bologna 1984.

P. Rozin, A.E. Fallon, *A perspective on Disgust*, in «Psychological Review», n. 94, 1987, pp. 23-41 (reperibile al link https://philpapers.org/rec/ROZAPO, consultato in data 06/03/2019).

P. Rozin, J. Haidt, *Disgust*, in M. Power (ed.), *Handbook of Emotions*, The Guildford Press, New York 1993, pp. 757-776.

G. Ryle, *Dilemmi* (1954), tr. it. di E. Mistretta, Astrolabio Ubaldini, Roma 1968.

B. Saint Girons, *Fiat lux. Una filosofia del sublime* (1993), tr. it. di C. Calì e R. Messori, Aesthetica, Palermo 2003.

G. Santayana, *Il senso della bellezza* (1897), tr. it. a cura di G. Patella, Aesthetica, Palermo 1997.

J.-P. Sartre, *La nausea* (1938), tr. it. di B. Fonzi, Einaudi, Torino 1948.

_____, *L'essere e il nulla* (1943), tr. it. di G. del Bo, Net, Milano 2002.

P. Schimmel, R. Ferguson (eds.), *Out of Actions. Between Performance and the Object 1949-1979* (Exhibition catalogue), MAK, Vienna / Hatje Cantz, Stuttgart 1998.

A. Schlothauer, *Die Diktatur der freien Sexualität. Muehl Kommune Friedrichshof*, Verlag für Gesellschaftskritik, Wien 1972.

R. Shusterman, *Somaesthetics and Burke's Sublime*, in «British Journal of Aesthetics», 45, n. 4, 2005, pp. 323-341.

C. Talon-Hugon, *Goût et dégoût: l'art peut-il tout montrer?*, Jacqueline Chambon, Nîmes 2003.

W. Tatarkiewicz, *L'estetica antica* in *Storia dell'estetica*, vol. I, (1960), tr. it. di G. Fubini, Einaudi, Torino 1979.

M. Tedeschini, *Il pre-giudizio del disgusto tra conoscenza e valutazione. A partire da Aurel Kolnai*, in «Studi di estetica», XLVII, IV serie, n. 6, 2016, pp. 71-90, reperibile al link http://mimesisedizioni.it/journals/index.php/studi-di-estetica/article/view/488/841 (ultimo accesso 03/06/2019).

————, *Le fonti del* Disgusto. *Aurel Kolnai tra fenomenologia e psicanalisi*, in «Paradigmi. Rivista di critica filosofica», 3, 2017, pp. 105-120; bozza reperibile al link https://www.academia.edu/35390795/Le_fonti_del_Disgusto._Aurel_Kolnai_tra_fenomenologia_e_psicanalisi_The_sources_of_Disgust._Aurel_Kolnai_between_phenomenology_and_psychoanalysis_ (consultata in data 15/03/2019).

————, *Il conflitto estetico: Teoria del disgusto*, Lithos, Milano 2018.

G.G. Varnavas, W. Grand, *The insular cortex: morphological and vascular anatomic characteristics*, in «Neurosurgery», 44, n. 1, 1999, pp. 127-138.

L. Vercelloni, *Viaggio intorno al gusto. L'odissea della sensibilità occidentale dalla società di corte all'edonismo di massa*, Mimesis, Milano 2005.

—————, *The invention of Taste. A Cultural Account of Desire, Delight and Disgust in Fashion, Food and Art*, tr. ingl. di K. Singleton, Bloomsbury, London 2016.

P. Weibel, V. Export (Hrsg.), *Wien. Bildkompendium Wiener Aktionismus und Film*, Kohlkunstverlag, Frankfurt a.M. 1970.

Indice delle immagini

FIG. 1. DAMIEN HIRST, With dead head, 1991(Tate Gallery, London).

FIG. 2. D. HIRST, The Physical Impossibility of Death in the Mind of Someone Living (1991, Londra, Saatchi Gallery)

FIG. 3. D. HIRST. Mother and Child Divided, Tate Gallery, London, 1993 (copia esposta 2007)

FIG. 4 D. HIRST, Away from the Flock, (1994, Londra, Tate Gallery)

FIG. 5. D. HIRST, *A Thousand Years*, 1990, Saatchi Gallery, London.

FIG. 6. D. HIRST, *The Virgin Mother* (2005, Cortile della London's Royal Academy)

FIG. 7 F. GOYA, *Saturno che divora i suoi figli*, (1823, Museo del Prado, Madrid)

FIG. 8 P. P. RUBENS, *Saturno che divora i suoi figli,* (1637-38, Museo del Prado, Madrid)

FIG. 9 M. QUINN, *Self*, (1991 National Portrait Gallery, Londra)

FIG. 10. J. SAVILLE, *Host*, (2000, Saatchi Gallery, Londra)

FIG. 11. J. SAVILLE, Shift (1996-97, Saathci Gallery, Londra)

FIG. 12. O. TOSCANI, *Campagna No-Anorexia*, Milano, 2016.

FIG. 13. H. NITSCH, Aktion 63, 28 Giugno 1963, Vienna

FIG. 14. O. MUHEL, Materialaktion 63-69, 1963, Francoforte

FIG. 15 C. SHERMAN, Disaster Fairy Tales, serie fotografica, collocazione sconosciuta, 1983-1989.

FIG. 16. D. NEBREDA, Autoritratto, 1990 (collocazione sconosciuta)

FIG. 17. D. CRONENBERG, The Brood, frame della pellicola

Le immagini sono visibili alla pagina:
https://www.ilglifo.it/EST/PDSG/

Quarta di copertina

L'utilizzo del disgusto in ambito artistico implica una contravvenzione di regole implicite dettate dal buon gusto e scritte nel corso della riflessione estetica per lo meno dal Settecento. Il rompere i tabù, modellarli, ridefinirne i confini sono stati compiti assegnati all'arte in molti contesti, tanto da essere parsi a volte sue caratteristiche intrinseche, come spesso nelle avanguardie e, in genere, nell'arte contemporanea. Il disgusto rappresenta un potente mezzo dell'"estetica del trauma", insieme ad altri (informe, orrore) ma cercare di comprenderlo, significa rivedere i presupposti sui quali l'intero sistema artistico è fondato. Ne emerge, di conseguenza, un quadro assai complesso. Cercare una risposta appropriata implica una trattazione sistematica del tema, nei limiti del possibile, che tenga conto dell'intimo legame dialettico tra la nascita dell'estetica classica e la conseguente nascita di questa categoria. Ciò, tuttavia, rappresenta solo una delle tante sfaccettature del disgusto e dell'importante impatto sul mondo artistico al quale tuttora stiamo ancora assistendo.

Serena Pillitu

Serena Pillitu nasce in Sardegna nel luglio del 1989. Durante il percorso triennale in Beni Culturali ha avuto modo di trascorrere un anno accademico presso la Eberhard Karls Universität Tübingen, al ritorno dal quale si è laureata a pieni voti con una tesi in Estetica sull'impiego del disgusto nelle opere dell'artista Edward Kienholz. Prosegue gli studi a Cagliari, conseguendo la laurea in Storia dell'Arte con lode con una seconda tesi sulla teoria del disgusto in ambito estetico seguita per la seconda volta dal Prof. Luca Vargiu. Trascorre un lungo periodo in Perù, occupandosi di fotogiornalismo e stesura articoli in collaborazione con una testata italo-peruviana. Svolge un periodo di ricerca presso il Visual Studies Center di Zagabria, affiancando gli studi del Prof. Kresimir Purgar, docente di Studi Visuali a Zagabria e Osjiek.